BIG SHOTS! FOTOGRAFEN ÜBER FOTOGRAFIE.

HENRY CARROLL

MIDAS

BIG SHOTS! FOTOGRAFEN ÜBER FOTOGRAFIE

Wie Profis sehen, denken und handeln.

Midas Collection
ISBN 978-3-03876-141-9

2. Auflage

Übersetzung: Claudia Koch
Bildrecherche: Peter Kent
Lektorat, Art Direction: Gregory C. Zäch

www.midas.ch
facebook.com/bigshotsbook

Midas Verlag AG
Dunantstrasse 3, CH-8044 Zürich
E-Mail: kontakt@midas.ch

Englische Originalausgabe:
Laurence King Publishing Ltd, London

Die deutsche Nationalbibliothek verzeichnet diese Publikation in der Deutschen Nationalbibliografie; detaillierte bibliografische Daten sind im Internet über www.dnb.de abrufbar.

BIG SHOTS! FOTOGRAFEN ÜBER FOTOGRAFIE.

HENRY CARROLL

EINFÜHRUNG

ALL DIE VISIONÄRE, WEGBEREITER,

die Vordenker, die Neulandbetreter – diese einflussreichen Menschen aus Vergangenheit und Gegenwart, die die Fotografie nach vorn gebracht haben und es heute noch tun. Wie sind sie an ihr Handwerk herangegangen, was war ihnen wichtig? Und was ist es bis heute?

Wir haben hier eine Sammlung von Zitaten, Fotos und Interviews, die uns Einblicke in die Denkweisen der Meister geben. Sie sind kleine Einführungen in die großen Ideen, denn diese kollektiven Sichtweisen regen Sie zum Nachdenken über die Fotografie an, so dass Sie schließlich das geliebte Medium noch besser verstehen.

Dieses Buch richtet sich an die wirklich Neugierigen. Nehmen Sie es als Erweiterung der *Big Shots!-Serie.* Während Sie dort vor allem über die technischen Grundlagen gelesen haben, ist der Ansatz hier etwas philosophischer. Sie werden auf verschiedenste Ansichten treffen – von privat bis praktisch, von esoterisch bis erleuchtend. Sie alle entstammen den unterschiedlichsten Genres und Epochen und reflektieren den Geist ihrer Zeit – ebenso finden Sie hier zeitlose Aussagen der alten Meister.

Nehmen Sie alles in sich auf, hinterfragen Sie, stimmen Sie zu oder nicht – und entwickeln Sie ihre eigene Philosophie der Fotografie. Nehmen Sie das Buch zur Hand, um sich zu inspirieren, oder blättern Sie um und tauchen Sie immer tiefer in diese zauberhafte Kunst ein.

ZUR STRUKTUR

Fotografiebücher sind meist chronologisch, alphabetisch oder nach Genre geordnet – oder nach Bauchgefühl. Hier werden Sie von einem Fotografen zum nächsten hin und wieder kleine Verbindungen oder Gegensätze entdecken, aber statt einer rigiden Struktur war mir das Gespräch wichtiger, sodass jede Stimme gehört werden kann, ungeneralisiert und mit allen Eigenheiten.

»In guten wie in schlechten Zeiten – das Schicksal des Fotografen hängt von dem einer Maschine ab.«

Dorothea Lange

***** 1895 / **N:** USA / **G:** Dokumentation

Dorothea Langes Foto, aufgenommen 1938 während der Großen Depression, weist den Weg nach Westen, das Land der unbeschränkten Möglichkeiten liegt jedoch in weiter Ferne und ist noch nicht zu sehen. Vermutlich reflektierte Lange, während sie dort mitten auf der silbrigen Straße stand, auch über die Zukunft der Fotografie in jener Zeit sozialen und technischen Umbruchs.

Lange selbst erlebte, wie sich Kameras von langsamen, schwerfälligen in schnelle und transportable Geräte wandelten. Angesichts dieser Veränderung erlebte Lange aus erster Hand, wie die Vorteile der »Maschine« für Fotografen eine völlig neue Welt erschlossen – ähnlich wie wir es mit der Einführung der Digitalkameras und Smartphone-Kameras erlebt haben.

Diese Abhängigkeit von der Kamera bedeutet jedoch, dass Fotografen kreativ gewissermaßen verflucht sind, denn jedes Foto ist das Ergebnis zäher Verhandlungen zwischen Mensch und Maschine; der Fotograf übernimmt das Sehen, die Kamera kümmert sich (meistens) um die Aufnahme. Durch diesen Kompromiss haben Fotografen eine etwas reizbare Beziehung zu ihrem Werkzeug entwickelt. In guten wie in schlechten Zeiten, geprägt von Liebe und Hass, von Respekt und einfach nur Ärger.

The Road West, Neu-Mexiko, 1938

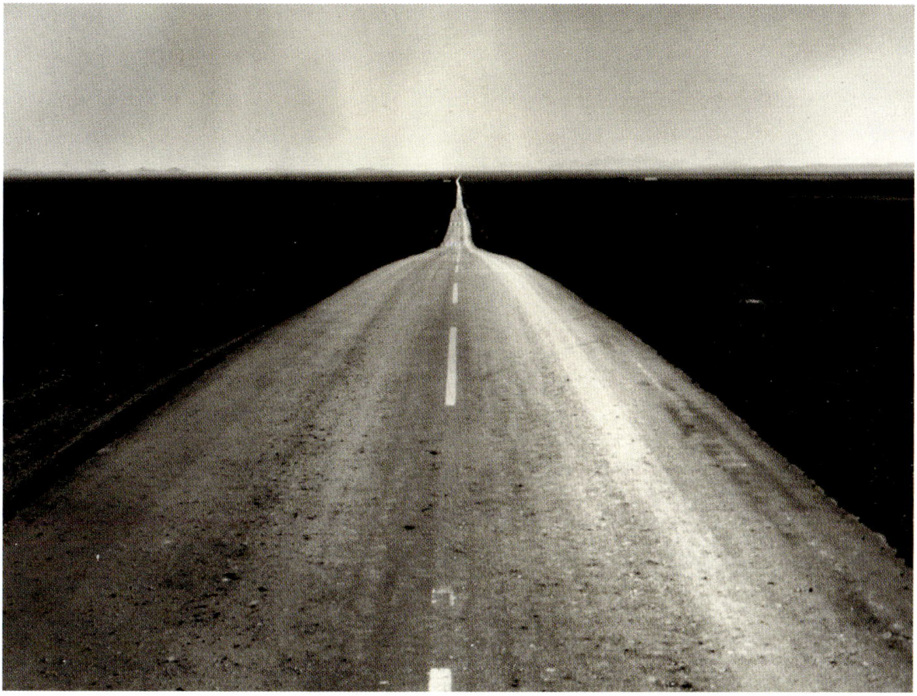

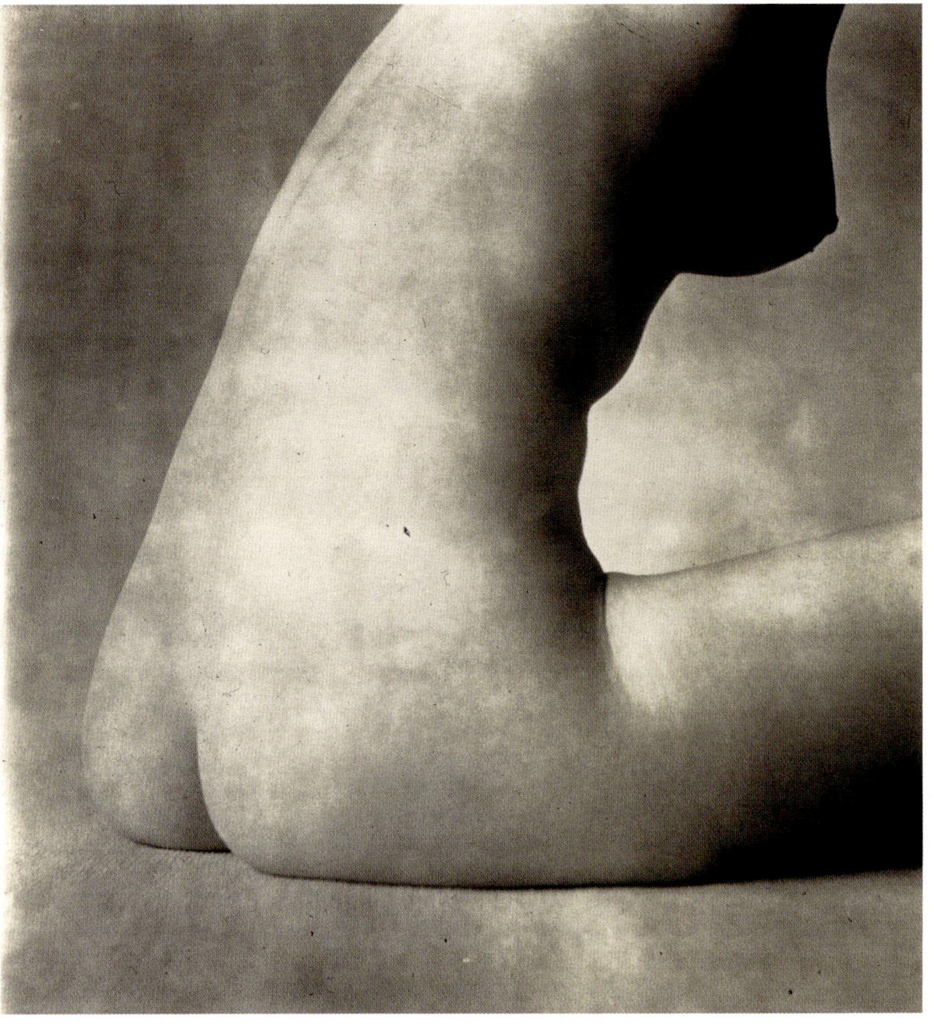

Nude No. 18, New York,
1949–50

»Ich bewundere meine Kamera. Sie ist ein faszinierendes Instrument, halb Stradivari, halb Skalpell.«

Irving Penn

* 1917 / **N:** USA / **G:** Mode, Porträts, Stillleben

Ein Schnitt ist brutal, selbst wenn ihn ein erfahrener Chirurg ausführt. Für Irvin Penn ist die Kamera also anscheinend ein Instrument, das seine Kunst mit einer gewissen präzisen Gewalt schafft – Gewalt, weil der Fotograf die Kamera wie ein Messer einsetzen muss, um visuell poetisch sein zu können, immer muss er entscheiden, was er aus der Welt herausschneiden und was er behalten möchte.

Penn machte sich diese Eigenschaft seiner Kamera zunutze und schuf lyrische Kompositionen, die uns die Grenzen des Bildausschnitts und die Positionierung des Motivs bewusst machen. Das ist auch bei diesem Akt der Fall, denn wir sind sofort vom strengen Bildbeschnitt gefesselt. Durch den bewussten Schnitt schafft Penn jedoch ein elegantes Bild am Rande der Abstraktion, mit dem er die graziösen Linien des Frauenkörpers gleichermaßen feiert.

Wäre seine Kamera eine Stradivari, er würde jeden Ton treffen. Wäre sie ein Skalpell, er führte jeden Schnitt mit äußerster Perfektion.

»Die Leute fragen, ›Welche Kamera benutzen Sie?‹ Ich antworte: ›Sie fragen doch einen Schriftsteller auch nicht, auf welcher Schreibmaschine er tippt.‹«

Man Ray

***** 1890 / **N:** USA / **G:** Kunst

Für viele Kunstfotografen kommt bereits die Frage nach der Kamera einer Art Kriegserklärung gleich. Die Kamera hervorzuheben bedeutet, der Art und Weise der Aufnahme Bedeutung beizumessen, statt sich auf die Kunst der Fotografie und die Bedeutung des Bildes zu konzentrieren. Der Fotograf wird eher zum Techniker, der weiß, wie er »eine Maschine« zu bedienen hat.

Als Fotograf, der ständig mit neuen Techniken experimentierte, muss Man Ray diese Frage öfter gehört haben als jede andere. Die Ironie dabei ist jedoch, dass einige seiner berühmtesten Bilder eher in der Dunkelkammer als in der Kamera entstanden. Und im Fall seiner ausdrucksstarken, abstrakten »Rayographs« (dabei legte er Gegenstände direkt auf das Fotopapier, um das Licht des Vergrößerers zu blockieren), war er begeistert, die Kamera aus dem Prozess der Bildherstellung völlig zu eliminieren. Zwar ist diese Technik schon so alt wie die Fotografie selbst, dennoch erinnern uns die modernistischen und häufig unkenntlichen Arrangements daran, dass die Kamera nicht die einzige Möglichkeit ist, ein Foto aufzunehmen, und dass die Rolle des Fotografen über das »Zeigen, wie es ist« hinausgeht.

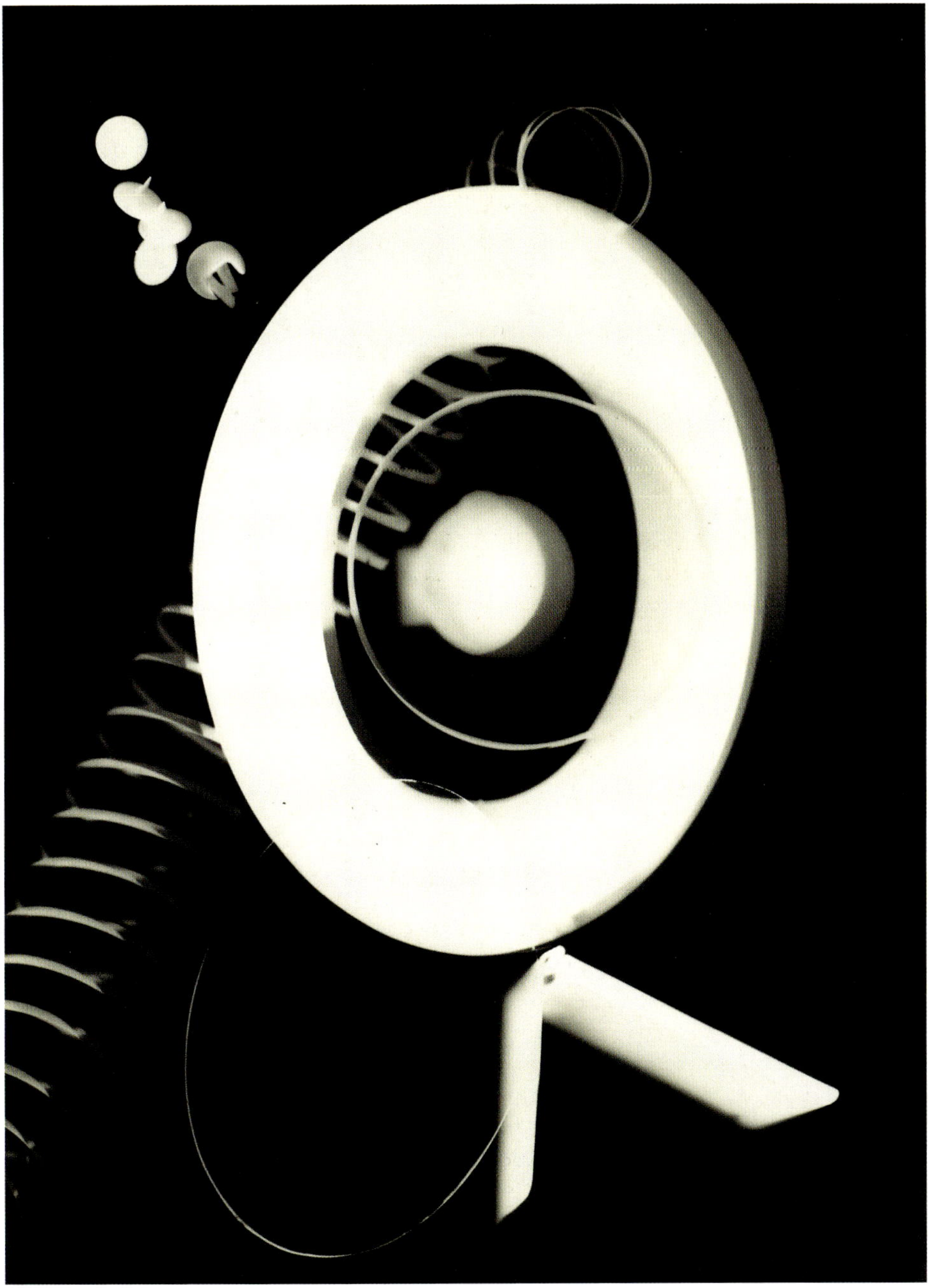

Rayograph, 1922

»Ich habe endlich entdeckt, was bei der Fotografie schiefläuft. Ein Einäugiger schaut durch ein kleines Loch – wieviel Realität kann da herauskommen?«

David Hockney

***** 1937 / **N:** Großbritannien / **G:** Kunst

David Hockneys Genörgel an der Fotografie entstammt der Tatsache, dass Kameras unseren Blick auf die Welt einschränken. Der Bildausschnitt und ein einzelnes Objektiv ergeben eine unnatürliche Sichtweise; das periphere Sehen des Fotografen bleibt außen vor, Raum wird zusammengedrückt und die Bilder zeigen ein Motiv aus einem bestimmten Blickwinkel zu einem bestimmten Zeitpunkt. Angesichts dessen hat die Fotografie ein großes Problem, wenn es um die Darstellung der Realität geht.

Diese natürliche »Einschränkung« der Fotografie untersuchte Hockney in den 1980er Jahren mit seinen fotografischen »Joiners«, in denen er Fotografien desselben Motivs aus verschiedenen Blickwinkeln zu Collagen zusammenfasste. Erst kürzlich kombinierte er Digitalbilder als »fotografische Zeichnungen«. Während wir das Bild als Fotografie erkennen, wird sofort klar, dass etwas nicht stimmt. Der Raum ist so verzerrt, dass wir ihn aus verschiedenen Winkeln wahrnehmen, die Perspektive der Stühle verläuft in unterschiedliche Fluchtpunkte, der Fokus scheint ungewöhnlich tief zu sein und der Mann im Vordergrund schaut offenbar das Mädchen an, gleichzeitig aber auch nicht. So sind sind die Konventionen von Raum und Zeit, die wir von einem Foto erwarten, komplett zerstört. Für Hockney kommt dieses Erlebnis dem menschlichen Sehen etwas näher.

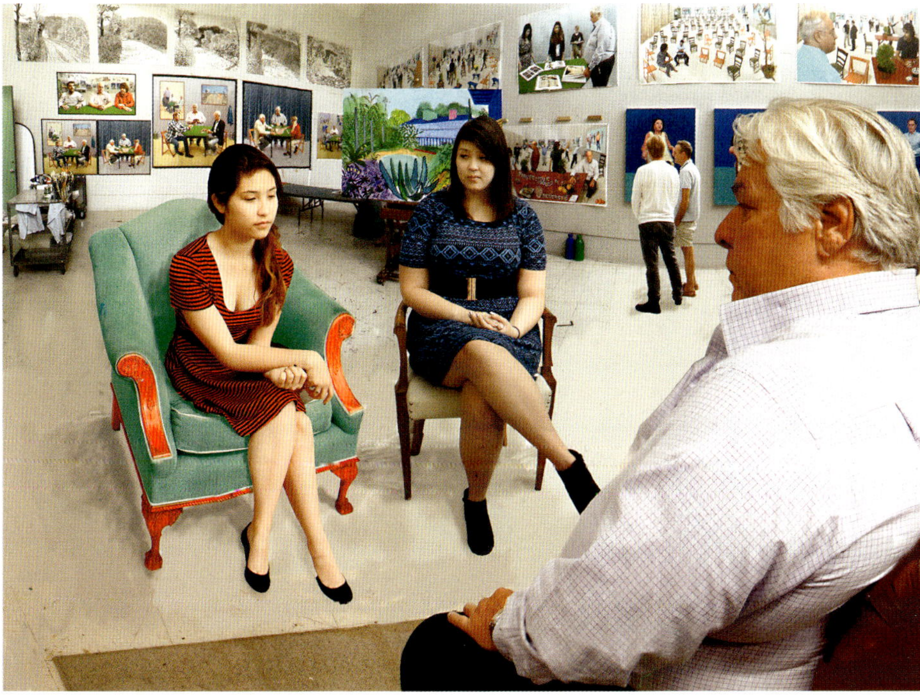

The Studio Meeting, 2015

»Ein Foto schaut man üblicherweise an – selten schaut man hinein.«

Ansel Adams

* 1902 / **N:** USA / **G:** Landschaften

Für Ansel Adams sollte ein Fotoabzug ebenso als Objekt höchster Handwerkskunst betrachtet werden wie ein Gemälde. Der Unterschied zwischen Fotos und Gemälden besteht jedoch darin, dass wir Fotos anschauen, um zu erkennen, was sie zeigen. Darum werden sie leicht als Ersatz für das eigentliche Motiv fehlinterpretiert, sie übernehmen die Rolle eines unsichtbaren Gefäßes.

Adams überwand das durch seine meisterhafte Technik. Er arbeitete mit den schärfsten Objektiven, er wartete auf das perfekte Licht, er erfand das »Zonensystem«, um die optimale Belichtung zu errechnen, und mit seinen präzisen Arbeitsweisen in der Dunkelkammer schuf er Abzüge mit höchstem Tonwertumfang. Faszinierenderweise führte dieses zwanghafte Streben nach Klarheit und Detail zu Abzügen, die den natürlichen Originalen fast den Rang abliefen. In einem solchen Fall schuf er eines seiner legendären Fotos vom Snake River, die präzise Komposition, der strukturierte Himmel und die Kontrolle über die Tonwerte sind eine höchst verführerische und romantische Abwandlung der Realität. Was ist schon die Hand Gottes – wenn wir in seine Fotos eintauchen, erkennen wir die Hand von Ansel Adams.

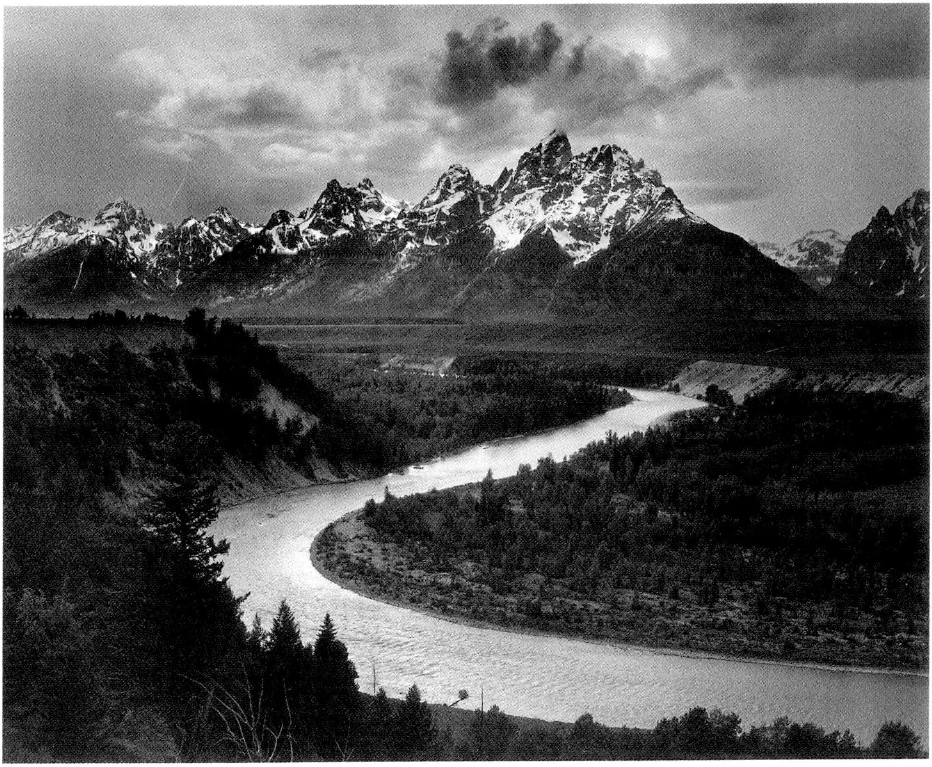

The Tetons and the Snake River, Grand Teton National Park, Wyoming, 1942

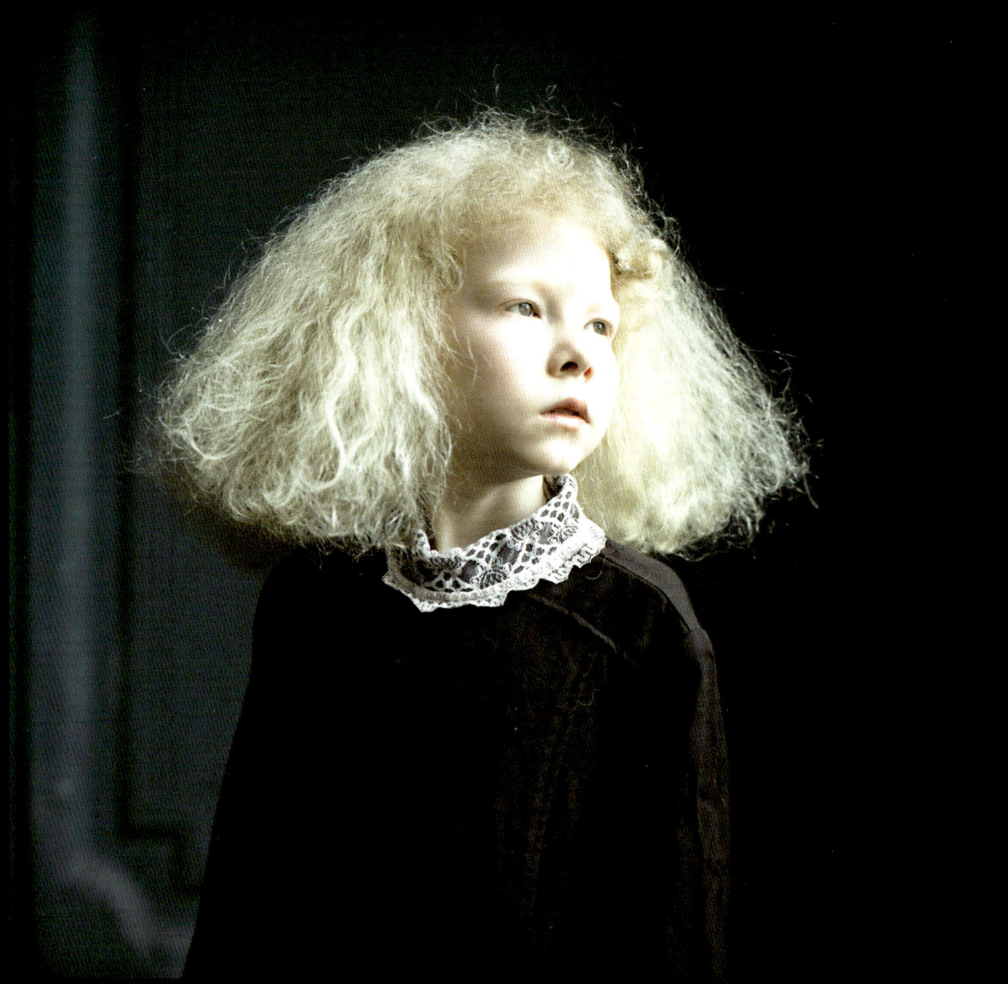

Untitled *(#0334)*,
St Petersburg, Russland, 2008

»Fotos werden nicht besser, wenn sie größer werden.«

Hellen van Meene

***** 1972 / **N:** Niederlande / **G:** Porträts

Die Größe hat einen großen Einfluss auf die Beziehung, die wir zu einem Foto aufbauen. Wenn alles erledigt ist, kann dasselbe Bild unterschiedlich groß ausgegeben werden – so dass es in die Brieftasche passt oder eine ganze Wand füllt. Woher wissen Fotografen also, wie groß oder klein sie ihr Foto drucken wollen? Hellen van Meene erinnert uns daran, dass die Größe eines Fotos zum Konzept gehört.

Unter dem Einfluss der »Stille« in der holländischen Malerei verwendet van Meene natürliches Licht in häuslicher Umgebung, um scheinbar gedankenverlorene heranwachsende Mädchen zu fotografieren. Ihre Drucke sind dann relativ klein (28 cm), denn sie möchte uns ins Bild ziehen, möchte, dass wir näher kommen und die Selbstreflexion ihrer Modelle spüren. Wären ihre Bilder größer, würden wir anders interagieren. Aus größerem Abstand wäre es schwer, alles gleichzeitig aufzunehmen, und das Betrachtungserlebnis würden wir wahrscheinlich mit anderen teilen; die physischen Fotos stünden im Konflikt zum Motiv und zur Stimmung bzw. Bedeutung, die die Fotografin kommunizieren möchte.

»Ich fotografiere nicht nur mit den Augen, sondern mit dem ganzen Körper.«

Daidō Moriyama

***** 1938 / **N:** Japan / **G:** Street

Street-Fotografen wie Daidō Moriyama »fühlen«, was sie sehen, und das Gefühl kommt nicht nur vom Sehen. Sie nehmen ihre Umgebung mit all ihren Sinnen auf. Wie dieser streunende Hund, mit dem er sich so stark identifiziert, durchwandert Moriyama die Straßen ohne besonderes Ziel. Nur mit seiner Kompaktkamera ausgestattet, lässt er sich von Gerüchen und Tönen ebenso wie von seinen Augen leiten. So findet er sich abseits der Magistralen wieder, in den Nebenstraßen, in denen er nach Momenten sucht, um seinen visuellen Hunger zu stillen. Was zählt, ist einzig zielen und abdrücken. Die Sauberkeit und Exaktheit von Fokus, Belichtung, Komposition – alles uninteressant. Durch seinen multisensorischen Ansatz kann sich Moriyama in die Psyche der Straße hineinversetzen und buchstäblich rohe Bilder aufnehmen, die tief in die Eingeweide von Japans brodelnden Städten eindringen.

Oben: *Streunender Hund*, 1971

Unten: *Aufnahme Nr. 6*, 2000

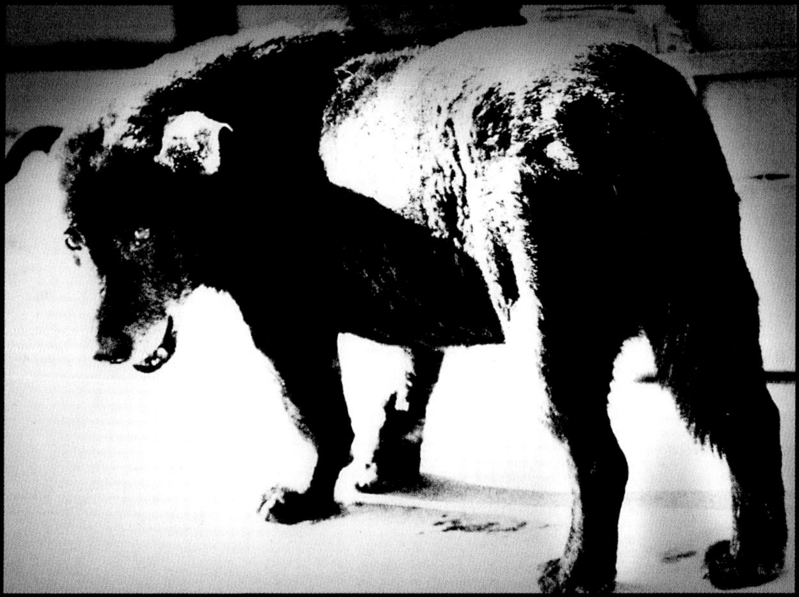

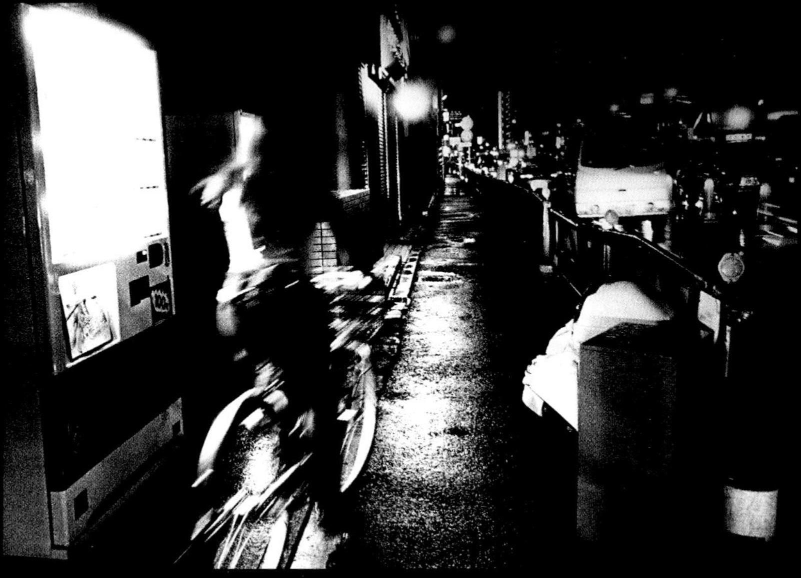

»Je mehr ich mir einer Fotografie bewusst bin, desto weniger gelingt sie.«

Fay Godwin

***** 1931 / **N:** Großbritannien / **G:** Landschaft

Selbst Landschaftsfotografen wie Fay Godwin, die sich eigentlich Zeit nehmen und über das Gesehene nachdenken können, sollten Nachdenken am besten vermeiden. Ich stelle mir vor, das einzige, was Godwin bei dieser Aufnahme durch den Kopf geschossen ist, war *dieser Berg hat irgendwas, und die Wolke auch ….* Auf dieser Ebene funktioniert der Geist von Landschaftsfotografen häufig, denn um ein schwer erfassbares Etwas aufzunehmen, muss man sich auf seine Intuition verlassen, statt sie in Frage zu stellen.

Vielleicht konnte Godwin auch erst nach der Dunkelkammer genau ausdrücken, was sie zur Zeit der Aufnahme wirklich gereizt hat. In diesem Fall wohl der Kontrast zwischen dem Berg – dunkel, massiv, bleibend – und der Wolke – weiß, schwerelos und vergänglich. Wenn jedoch klar wird, dass der Berg eigentlich flach ist, wird die Spitze durch die Wolke perfekt ergänzt. Dieses *Etwas* betrachtete Godwin als Gegensätze der Natur, die für ein paar Momente eng miteinander zusammenhingen.

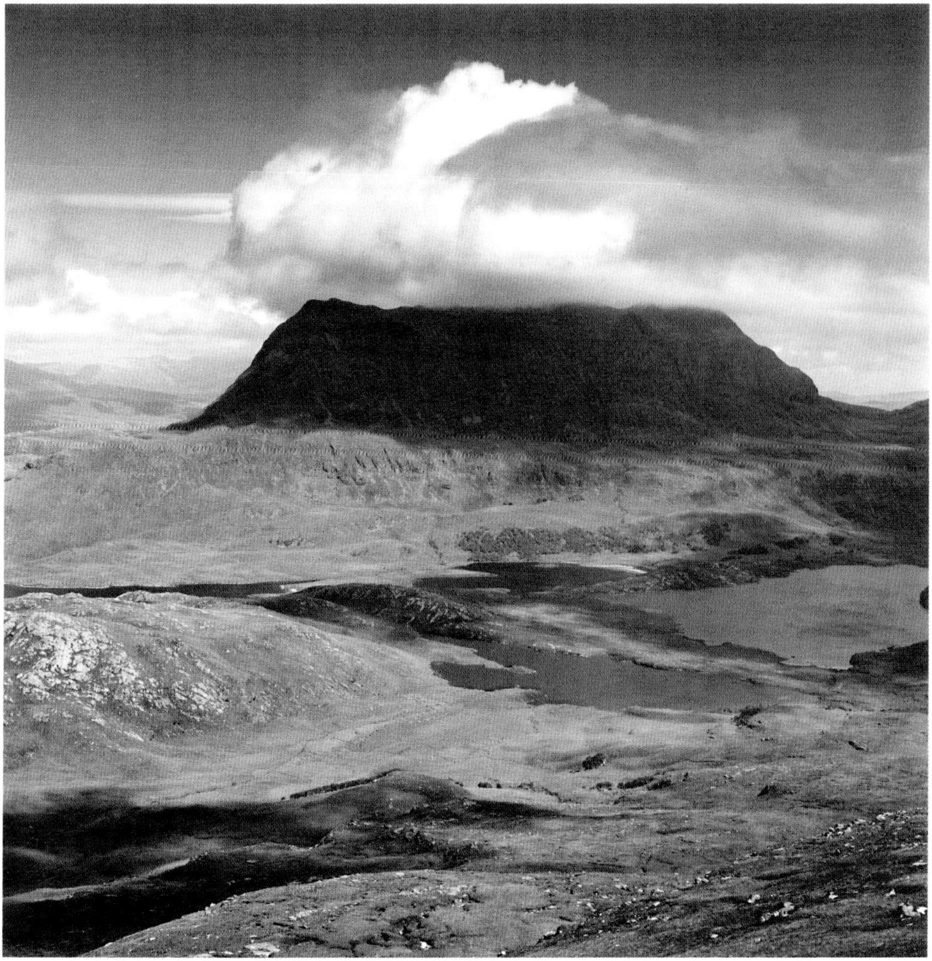

Cùl Mòr von Stac Pollaidh, in der Assyn-Region von Sutherland, Highlands, 1985

»Viel wichtiger, als die Kamera zu bedienen, ist es, ein Bild zu machen.«

Olivia Bee

* 1994 / **N**: USA / **G:** Reportage, Mode

Ihre Währung ist die Schönheit der Imperfektion, die Rohheit der Unschärfe, der Nebel der Körnung und die Energie einer Komposition, die aus dem Gleichgewicht geraten ist. In diesem visuellen Hinterland zwischen Klarheit und Konfusion fängt Olivia Bee das emotionale Spektrum der Jugend ein; die Hochs und Tiefs, den schweifenden Geist und die mentalen und physischen Wachstumsschmerzen, die wir alle irgendwann einmal durchlebt haben.

Diese menschlichen Eigenschaften lassen sich schwer in Fotos ausdrücken, in denen alles »korrekt« ist. Das Problem ist jedoch: Kameras sind Perfektionisten. Alles an ihrer Funktion und ihrem Design ist auf perfekte Bilder ausgerichtet und die neue Technologie verkauft uns ständig bessere Bildqualität. Darum arbeitet Bee wie viele aufstrebende Fotografen lieber mit gefühlsgeladenem Film statt mit der Exaktheit der Digitaltechnik. Dabei geht sie Risiken ein und stellt den Leitsatz in Frage, dass gute Fotos immer auch technisch fehlerfrei sein müssen.

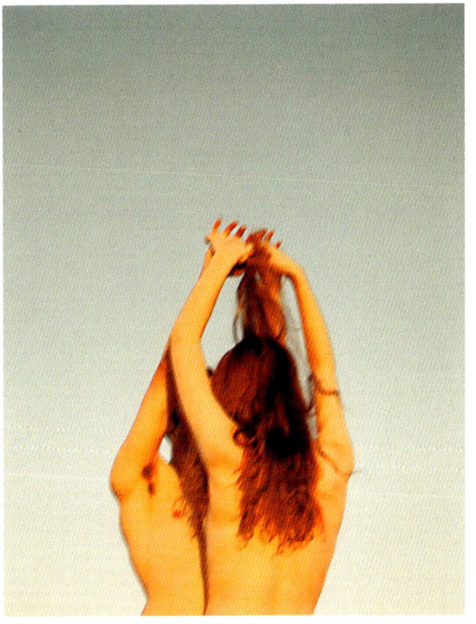

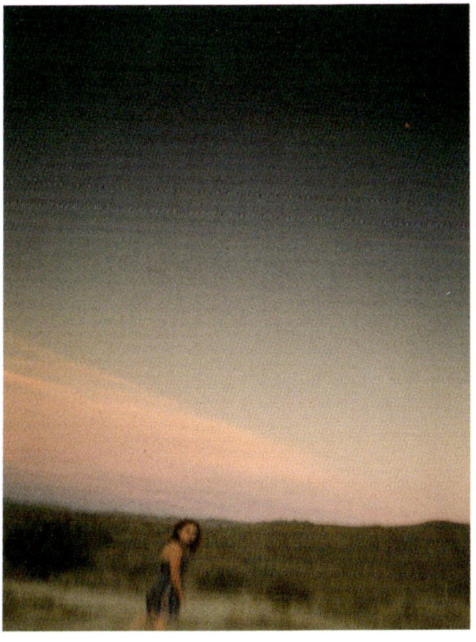

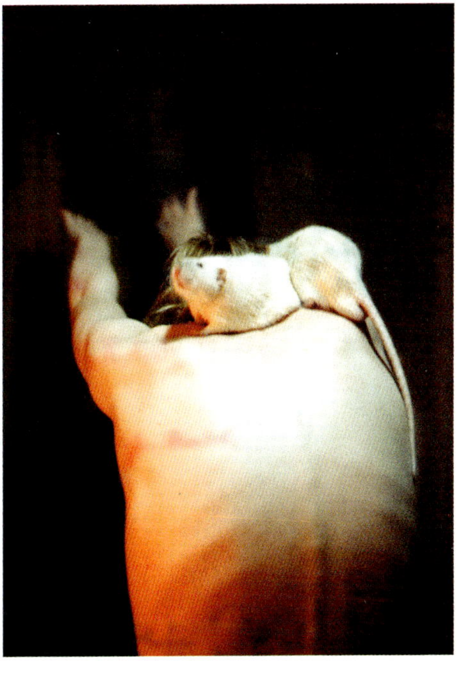

Oben links:
California Mirage, 2015

Unten rechts:
Gold Rush, 2014

Rechts:
Tuesday, Turnip and Dan, 2015

EIN INTERVIEW MIT

OLIVIA BEE

»Indem ich einen Moment fotografiere, kann ich ihn gleichzeitig zurücklassen und für immer festhalten.«

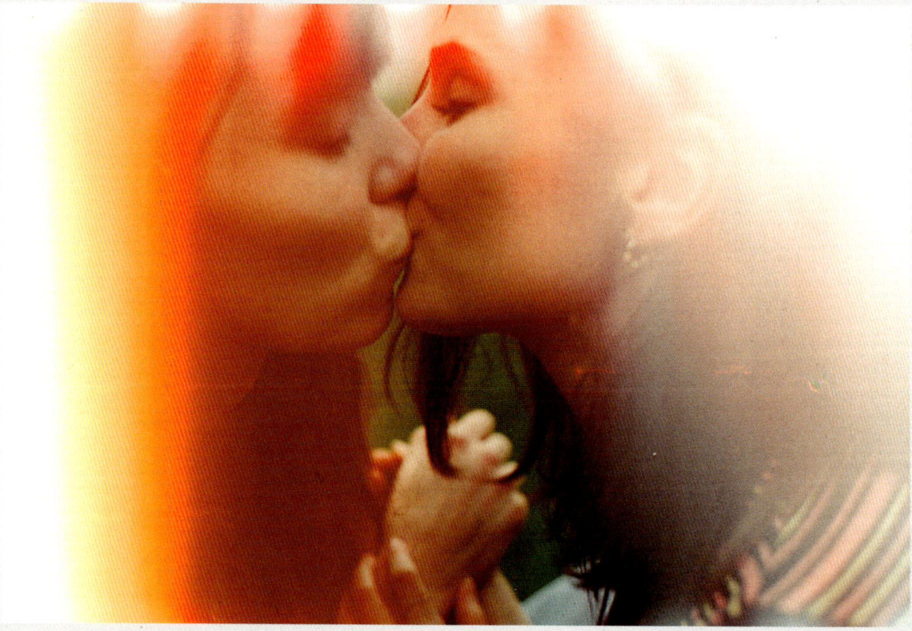

Wie fühlt es sich an, wenn Sie jemanden fotografieren, den Sie lieben?

Diese Liebe wird dadurch stärker. Wenn ich jemanden fotografiere, ist unsere gesamte gemeinsame Vergangenheit präsent. Vertrauen schafft Bilder. Aber die Liebe zu anderen Menschen, die ich durch die Fotografie erlebe, hat nichts Romantisches. Das sind reale Menschen, echte Beziehungen, keine Darsteller oder Inhalte.

Wenn ich Ihre Fotos von jungen Menschen an der Schwelle zum Erwachsensein anschaue, habe ich das Gefühl, es geht gleichzeitig ums Loslassen wie ums Festhalten. Ist Ihnen das beim Fotografieren bewusst?

Briley and Leslie (Love in All Our Colors), 2016

Beim Bearbeiten durchaus; wenn ich die Muster meiner aktuellen Arbeiten erkenne und sehe, welchen Weg sie einschlagen, dann kann ich das Loslassen und Festhalten sehr wohl erkennen. Beim Fotografieren folge ich jedoch meinen Instinkten und lasse mich treiben. Oft weiß ich nicht, wohin die Reise geht, bis ich die Bilder sehe und in eine gemeinsame Gefühlswelt einbetten kann.

Als mein Buch auf den Markt kam, *Kids in Love*, fühlte ich eine gewisse Trauer. Natürlich freute ich mich sehr über die Reaktionen aus der ganzen Welt. Für mich war es aber auch ein Verlust dieser Fotos, die ich so lange für mich behalten hatte, und irgendwie auch meiner Jugend, die ich bis dahin für mich allein hatte. Ich musste loslassen und aufhören, sie zu beschützen. Das Gefühl war wunderschön – erst festhalten, dann weitergeben. Auch für meine Entwicklung als Künstlerin und als Mensch war das wichtig. Indem ich einen Moment fotografiere, kann ich ihn gleichzeitig zurücklassen und für immer festhalten.

Als Fotograf, der täglich Momente aufzeichnet, müssen Sie sich doch oft zwischen den Rollen als aktiv Beteiligter und reiner Beobachter hin- und hergerissen

fühlen. Wie beeinflussen Kamera und Fotografie Ihre Wahrnehmung des Jetzt und Hier? Fühlen Sie sich dem Moment näher oder ist die Distanz größer?

Ich muss mir des Gleichgewichts bewusst sein, ob ich Teil des Moments bin oder ihn beobachte. Dabei achte ich darauf, dass beides möglich ist. Als ich jünger war und tobende Kinder fotografiert habe, wurde ich oft gefragt, ob ich nicht lieber mitmachen statt fotografieren würde. Klar habe ich auch getobt, nur war das Fotografieren eben meine Art, dabei zu sein.

Als Sie Ihre Freunde als normaler Teenager fotografiert haben, fanden die das ja bestimmt noch cool. Jetzt sind Sie berühmt und Ihre Bilder werden von vielen Menschen bewundert. Hat das die Dynamik zwischen Ihnen und den Menschen auf ihren Bildern geändert, die Ihnen besonders nahe stehen? Sind Sie inzwischen selbstbewusster?

Natürlich, ich meine, das passiert, wenn man ein Publikum bekommt. Ich frage mich manchmal, ob ich ohne Publikum besser fotografieren würde ... das werde ich wohl nie herausfinden. Dabei will ich mit meiner Arbeit noch immer dasselbe erreichen wie damals, als ich zu fotografieren begann. So verarbeite ich mein Leben ... selbst wenn die fotografierten Geschichten mehr erzählen, sind sie doch eine Interpretation meiner Geschichte.

Vor allem fällt das auf, wenn ich meinen Bruder fotografiere. Das tue ich, seit er 7 oder 8 ist. Wenn ich nach Portland nach Hause komme, fotografiere ich immer. Es gefällt ihm (zumindest sagt er das) und für ihn ist es bestimmt cool zu sehen, wie er gewachsen ist. Außerdem arbeiten wir zusammen. Ich frage immer, was er auf dem Bild machen möchte, nachdem mir die Ideen ausgegangen sind. Inzwischen ist er eher bereit dazu als damals mit 9. Irgendwann wird es mal ein Max-Buch geben.

Manche, die ich in meiner Jugend fotografiert habe, fotografiere ich heute nicht mehr. Aber wenn ich es wollte, wäre es bestimmt auch okay. Zu Hause in unserer Heimat ändert sich auch einiges.

Bei neuen Models, Freunden bzw. Liebhabern ist bereits ein gewisses Verständnis vorhanden. Wenn wir Freunde sind, inspirieren wir einander auf verschiedene Weise, aber vor dem ersten Foto frage ich immer, und ich frage auch, wenn ich etwas Persönliches veröffentlichen möchte. Viele Privatfotos aus den letzten zwei Jahren habe ich nicht publiziert. Sie sind mir noch immer zu nahe, und der abgebildeten Person auch.

Sie sind jetzt Anfang 20 und mit der digitalen Technik, Kamerahandys und Plattformen zum Bildertausch aufgewachsen. Ich bin wirklich neugierig, was Fotografie für Sie bedeutet und ob sich das von älteren Generationen unterscheidet.

In meiner Generation wird alles dokumentiert. Es ist schwerer, Bilder besonders – wertig – zu machen. In der privilegierten westlichen Welt hat fast jeder eine Kamera. Und inzwischen sind die meisten auch visuell ziemlich gebildet. Wir sehen täglich Tausende von Bildern. Es ist auch leichter, mal ein Bild zu verwerfen. Wir sehen den gleichen Mist immer und immer wieder. Hundert Leute zeigen auf Instagram dasselbe Konzert, tausend Werbeanzeigen pro Tag ... wir sind inzwischen gegen Bilder immun. Wenn einen ein Bild also berührt, wenn es hängen bleibt, dann ist das etwas Besonderes.

Welches ist Ihr Lieblingszitat zur Fotografie und warum?

»Die Kamera ist also ein Auge,
welches von vorne und nach hinten
gleichzeitig schauen kann.
Nach vorne »schießt« sie ein Bild,
nach hinten zeichnet sie einen Schattenriss
auf aus der Seele des Photographen:
Sie blickt also zurück,

durch sein Auge hindurch, auf seinen Grund.
Ja, so eine Kamera sieht nach vorne hin ihr
Objekt, und sie sieht nach hinten hin den
Grund, warum dieses Objekt festgehalten
werden sollte.
Sie zeigt gleichzeitig DIE DINGE
und DEN WUNSCH nach ihnen.
...
Nimmt eine Kamera also in beide Richtungen
auf, nach vorne und nach hinten,
und verschmelzt sie die beiden Bilder
ineinander, so daß »hinten« in »vorne«
verschwindet, so erlaubt sie dem
Photographen auch schon im Moment der
Aufnahme vorne bei den Dingen zu sein,
und nicht von ihnen getrennt.
Durch den »Sucher« hindurch
kann der Suchende aus sich heraustreten
und »drüben« sein, in der Welt,
kann besser erinnern,
kann besser verstehen,
besser sehen,
besser hören,
mehr lieben.

Wim Wenders

Dieser Ausschnitt aus Wim Wenders' Buch *Einmal* ist eine Hommage an diejenigen, die einfach fotografieren, und weniger eine Aufforderung an die Menschen, irgendwo hinzugehen und den Moment zu bezeugen (was sicher auch angemessen ist). Die Fotografie wird häufig nur als Betrachtung der Oberfläche wahrgenommen, eine Aufzeichnung unseres Lebens und unserer Liebe. Dabei meint Wenders, wir könnten mithilfe der Fotografie viel tiefer lieben. Wie schön ist das denn?

OLIVIA BEE
Ursprünglich aus Portland, lebt Olivia Bee heute in New York und Los Angeles. Olivia ist Filmemacherin und Fotografin, sie hat Kampagnen für führende internationale Marken fotografiert. Ihre privaten Arbeiten kulminierten in einem Buch, *Kids in Love*, das 2016 bei Aperture erschien.

»Die Realität ist für die Fotografie, was die Melodie für die Musik ist.«

Ralph Gibson

***** 1939 / **N:** USA / **G:** Porträt, Mode, Kunst

Diese Assoziation stellte ein Mann auf, dem seine Gitarre mindestens so wichtig ist wie seine Kamera. Zwar bewegen sich Gibsons Arbeiten immer an der Grenze zur Abstraktion, typisch sind seine kontrastreichen Schwarzweißbilder, völlig abstrakt sind sie jedoch nie. Dem Betrachter nicht zu ermöglichen, den Bildinhalt zu entziffern, hieße für Gibson, eine der wichtigsten Eigenschaften der Fotografie aufzugeben: die Klarheit.

Für seine aktuelle Serie »The Vertical Horizon« nutzt Gibson die abstrakten Eigenschaften des Hochformats. Im Unterschied zum Querformat, bis zur Einführung der Kamerahandys der Standard, scheint das Hochformat weniger an den etablierten Regeln der Komposition zu hängen. Seine Bilder, aufgenommen in Europa, Asien, Südamerika und den USA, sind gleichzeitig abstrakt wie figürlich. Durch diese Gratwanderung entfernt Gibson alle erkennbaren kulturellen Schlüssel, die auf den Aufnahmeort der Bilder hinweisen, macht aber dennoch deutlich, was die Bilder zeigen. In den kontrollierten vertikalen Arrangements finden wir eine globalisierte Welt, die visuell schnell vereinheitlicht wird.

Ohne Titel, aus der Serie »The Vertical Horizon« 2016

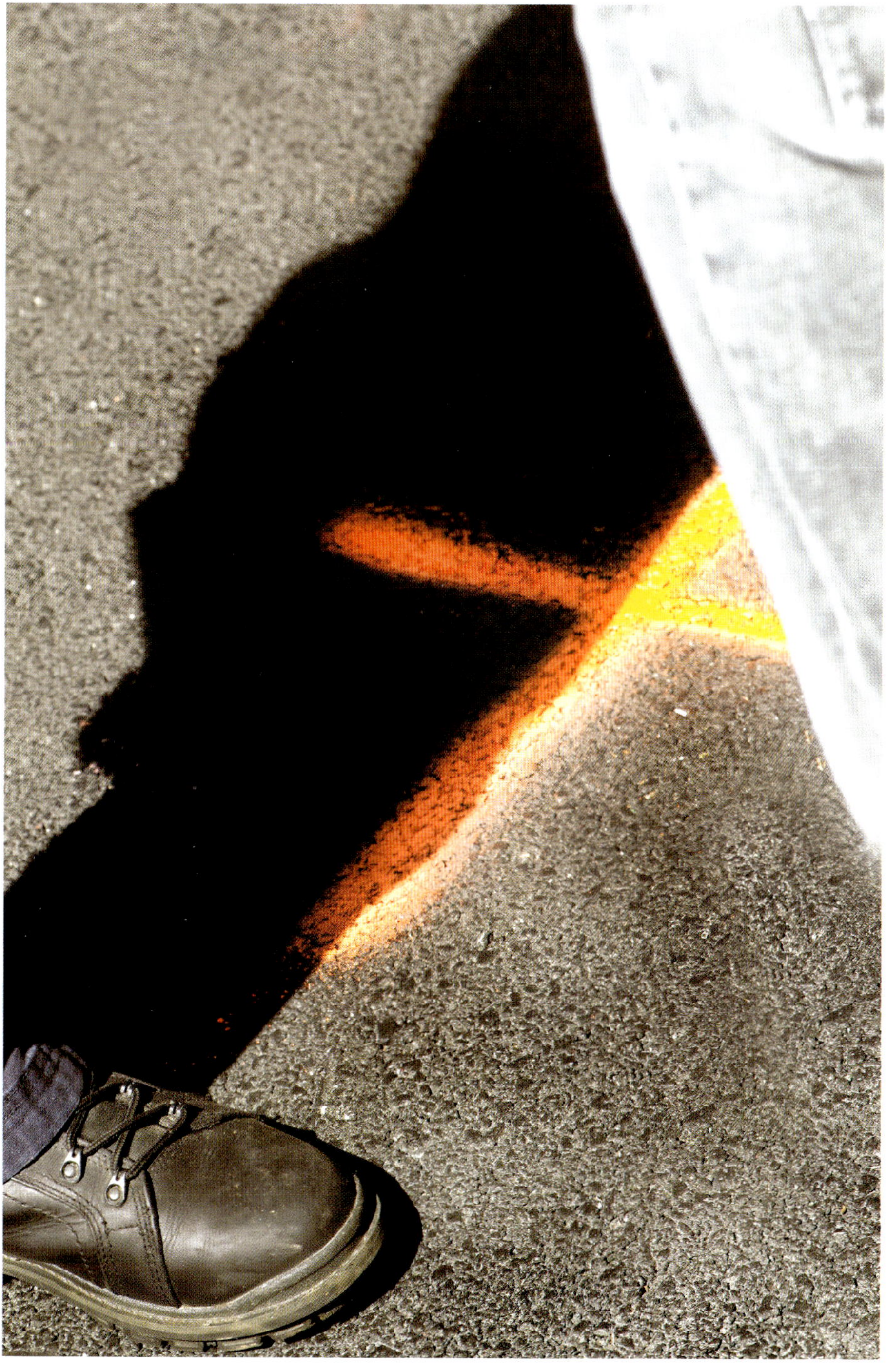

»Ich gehe spazieren, sehe etwas und mache ein Bild. Ich fotografiere.«

Saul Leiter

***** 1923 / **N:** USA / **G:** Street

Für Saul Leiter war ein Ausflug mit seiner Kamera nichts Besonderes. Er tat es einfach, jeden Tag, ohne Druck oder spezielle Erwartungen. Dabei legte er keine großen Strecken zurück – aber wenn man in New York fotografiert, muss man das auch nicht. Leiter schlenderte durch Straßen und Gassen, durchstreifte eine Avenue nach der anderen. Nur hin und wieder hielt er inne und machte ein Foto, wenn ihm etwas Abstraktes ins Auge fiel. Manchmal kam er ohne Bild nach Hause. Ein andermal landete er einen Volltreffer, wie an jenem Tag, als er einen Fuß auf dem Sitz eines leeren Zuges fotografierte.

Ein Blick auf das Bild … da sind diese Farben, das Zickzack der Komposition und die Position des Schuhs. Alles ist perfekt, wobei die eigentliche Schönheit anderswo herkommt. Es ist die Leichtigkeit und die scheinbare Mühelosigkeit des geschulten Auges. Es ist die Art und Weise, wie das Bild Leiters unkomplizierte Einstellung zur Fotografie einfängt. Er sieht etwas, er macht ein Bild. Und in diesem Moment hält er nicht inne und fragt nach dem Warum.

Foot on El, 1954

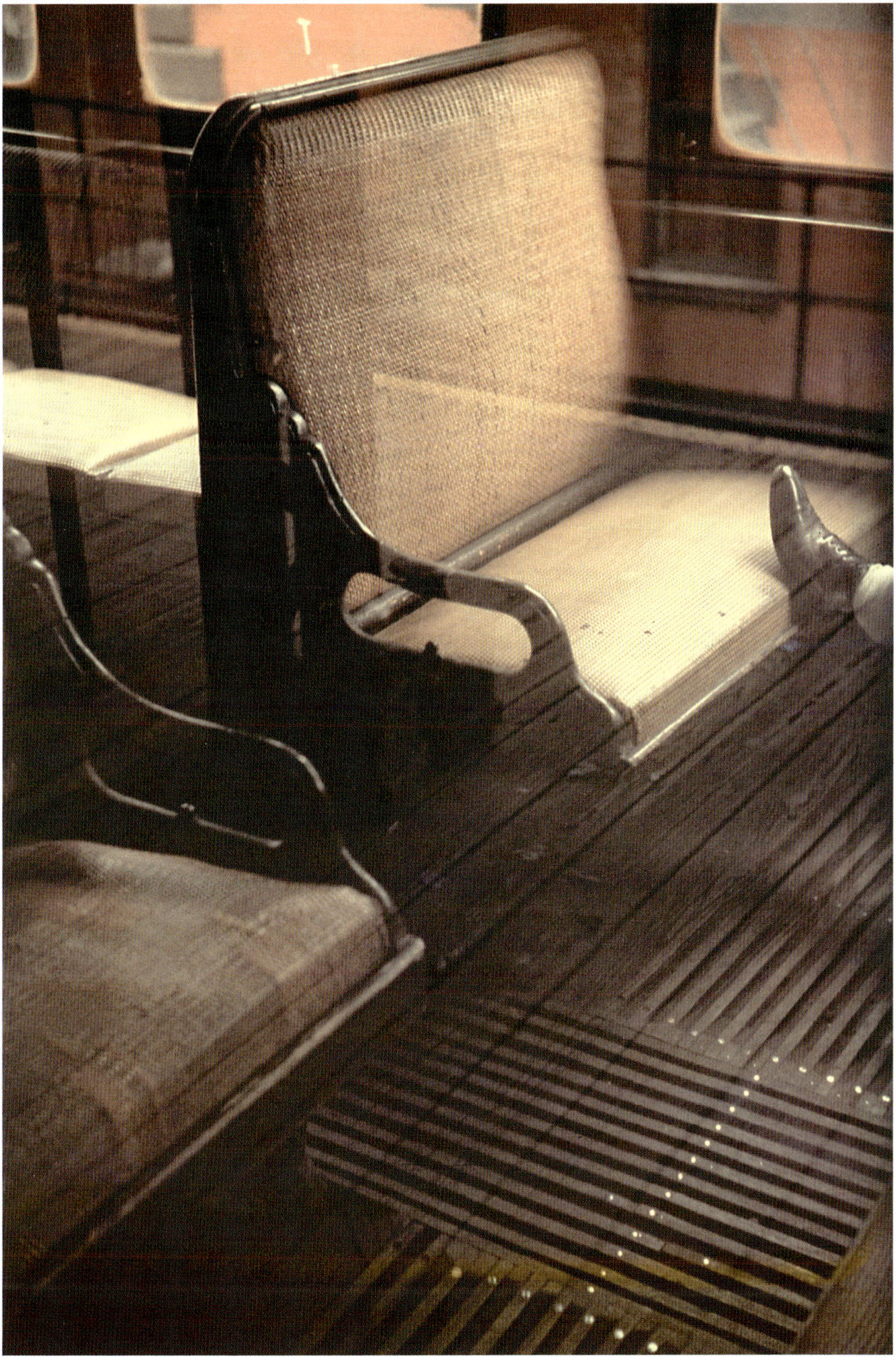

Ohne Titel *#6405–8*, 2007

»Es gibt keine Regeln. Aber manchmal braucht man Parameter.«

Todd Hido

***** 1968 / **N:** USA / **G:** Landschaften, Porträts, Innenaufnahmen

Hier beweist uns Todd Hido, dass zu viel kreative Freiheit zu Zusammenhanglosigkeit führen kann, während zu wenig einengt. Für seine Serie »Landscapes« machte Hido malerische Aufnahmen von wunderschön kahlen Szenen am Straßenrand, die er durch die beschlagenen Fenster seines Autos fotografierte. Fotos durch Feuchtigkeit verwischen die Grenzen zwischen nah und fern, zwischen innen und außen. Das Glas agiert gleichzeitig als Fenster und als Schirm und schafft Bilder mit metaphorischer Klarheit und Konfusion.

Hido beschloss, immer im Winter aus dem Auto zu fotografieren und immer eher unscheinbare Orte abzulichten. Andere Elemente wie die Tageszeit, das Motiv, die Farbpalette und das Wetter blieben hingegen offen. Sie sind seine »Parameter« – eng genug gefasst, um seiner Kreativität einen Fokus zu geben, und locker genug, um auch unerwartete Begegnungen zuzulassen.

»Warum soll ich ein schönes Foto machen?«

Maisie Cousins

***** 1993 / **N:** Großbritannien / **G:** Stillleben

Was auch immer sie behauptet, Maisie Cousins macht schöne Fotos – wenn auch vielleicht nicht auf die Weise, die Ihre Oma »schön« gefunden hätte. Dieses hochglänzend groteske Bild ist gleichermaßen abstoßend wie verführerisch. Aus dieser Mischung aus Shrimp-Kopf, Schnittblumen und wer weiß was noch entsteht ein atemberaubender farbiger Gaumenkitzel. Und mit dem Titel der Serie »What Girls Are Made Of« wird daraus eine verspielte Darstellung der Weiblichkeit.

Schöne Bilder, wie wir sie in Mode- und Lifestyle-Magazinen sehen, sind keine Herausforderung. Sie verstärken Stereotypen und zeigen uns Dinge, die wir bereits kennen; dieser Ort ist schön oder jene Person sieht gut aus. Für Cousins ist dieses Herangehen an die Fotografie harmlos und zeigt nicht, wer oder was wir wirklich sind. Vor allem durch ihr Eintreten gegen die konventionelle Schönheit in der Fotografie lehnt sie das Frauenbild in der Fotografie der Vergangenheit ab. Statt Individuen um ihrer oberflächlichen Schönheit Willen zu idealisieren, erinnert uns Cousins daran, dass wir alle ein Naturprodukt sind. Egal wer zuschaut, Sie, ich und Taylor Swift sind nur Fleischhaufen, die von einer säurehaltigen Mischung aus Körperflüssigkeiten am Leben gehalten werden. Wenn das stimmt, warum soll man dann schöne Bilder machen?

Ohne Titel, aus der Serie »What Girls Are Made Of«, 2013–14

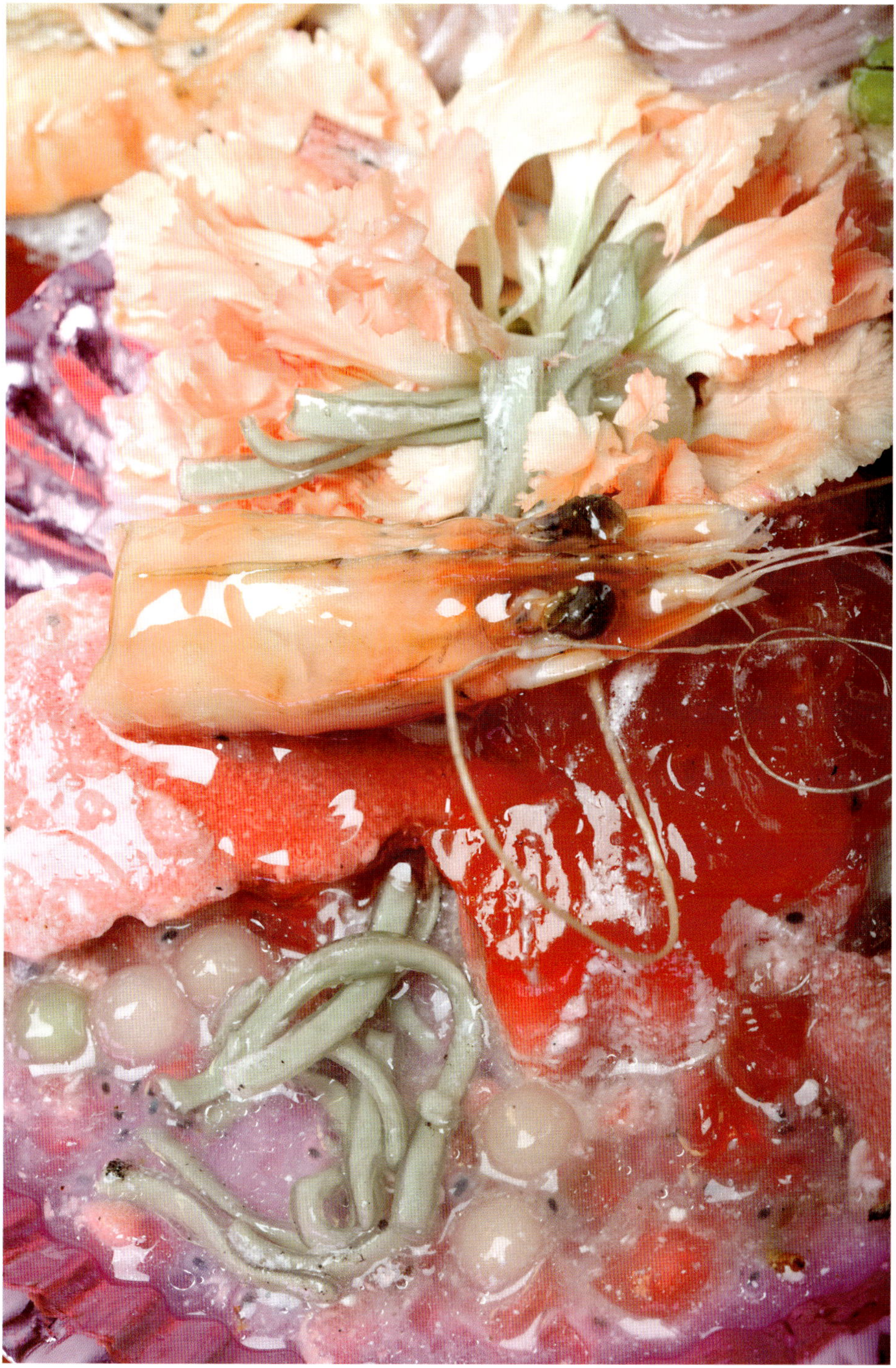

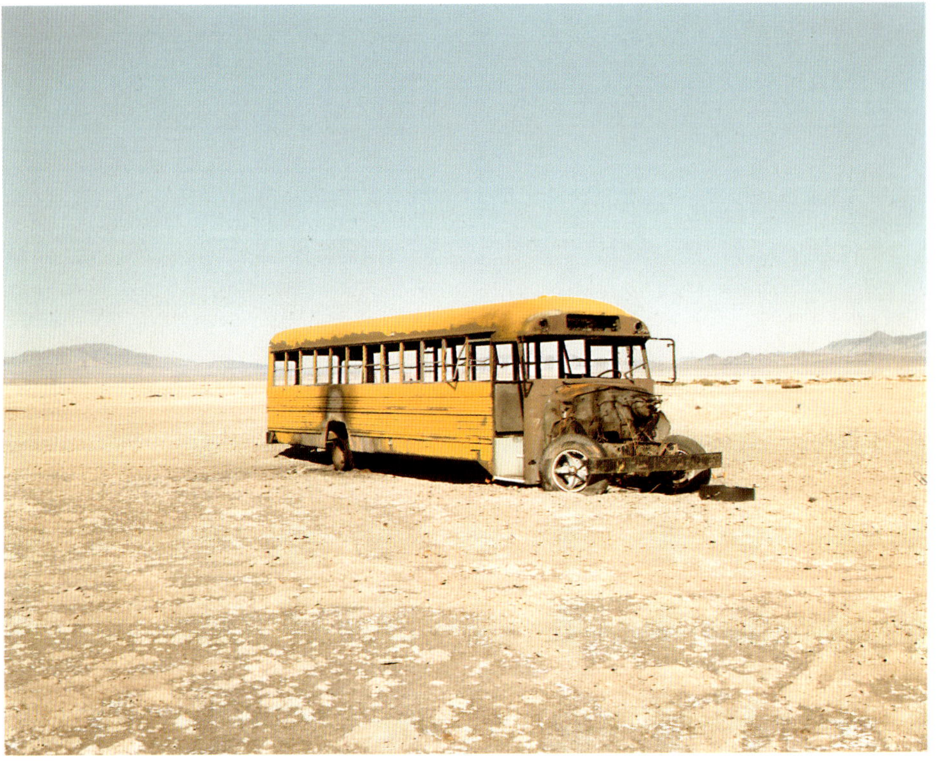

Personnel Carrier Painted to Simulate School Bus aus der Serie »Desert Cantos«, 1986

»Inzwischen glaube ich, Schönheit kann komplizierte Ideen gut vermitteln. Sie nimmt Menschen für sich ein, die ansonsten wegschauen würden.«

Richard Misrach

***** 1949 / **N:** USA / **G:** Landschaften

Schönheit und Fotografie führen eine komplizierte Beziehung. Manche Fotografen haben kein Problem damit, schöne Bilder zu machen, die nur kurz um deren oberflächlicher Schönheit Willen bewundert werden. Andere, wie Richard Misrach, setzen die Schönheit gezielt ein, um mehr von ihrem Publikum zu fordern. Dennoch ist das nicht einfach, denn wenn er falsch eingesetzt wird, fügt der verführerische Look einem Bild eine gewisse Oberflächlichkeit hinzu, die die eigentliche Bedeutung verwässert.

Misrachs Serie »Desert Cantos« ist zweifellos sehr schön. Seine Kompositionen sind klassisch: Er fotografiert bei bestmöglichem Licht und seine großformatigen Drucke sind gestochen scharf und voller Details. Er überlagert jedoch Motive mit dieser Ästhetik, die normalerweise Ihr Schönheitsempfinden auf die Probe stellen würden. Hier sehen wir ein Wrack, augenscheinlich eines Schulbusses, in einer Wüste. Aber das sind nicht die Auswirkungen eines Angriffs auf die Heimat. Der einzige Aggressor hier ist das US-Militär, das dieses Symbol für die Amerikanischen Werte zu Übungszwecken in der Wüste von Nevada eingesetzt hat. Für Misrach ist Schönheit dann am wirksamsten, wenn sie Hässlichkeit reflektiert.

»Ich weiß nicht, ob wir ein iPhone-Foto emotional ebenso begehren können wie einen Silber-Gelatine-Abzug.«

Tacita Dean

***** 1965 / **N:** Großbritannien / **G:** Kunst

Man kann eine Wolke nicht berühren, ihre Form ändert sich ständig und, wenn man sie überhaupt als Gegenstand bezeichnen kann, niemand kann sie besitzen. Tacita Dean fotografiert eine Wolke, druckt sie auf Fotopapier und malt dann akribisch um die Ränder – damit erfüllt sie sich den Wunsch, einem der wohl flüchtigsten Motive eine gewisse Körperlichkeit zu geben.

Dieses emotionale Streben nach der Körperlichkeit bildet das Herz von Deans Reflexionen über die Veränderlichkeit von Fotografien. Ein gedrucktes Foto, vor allem als Abzug von einem Negativ, ist wertvoll, denn es muss mit Vorsicht behandelt werden. Ein Digitalbild hingegen wird erzeugt und dann mit einem Klick oder Wisch verworfen. Und während das Rohmaterial eines physischen Fotos Silber oder Platin enthalten kann, ist ein Digitalbild nur Code.

Dennoch beschwört Dean nicht den Tod der Fotografie; sie betont lediglich, dass wir eine neue und ungewisse Ära erleben, in der Fotos eher gespeichert als genossen werden. Und im Fall einiger Foto-Sharing-Apps werden sie noch nicht einmal mehr gespeichert. Stattdessen haben Bilder eine vorprogrammierte Lebenserwartung, die sie innerhalb weniger Augenblicke vor unseren Augen leben und sterben lässt. Vergleichen Sie das einmal: Ein Papierfoto zu zerreißen ist ein Akt der Gewalt.

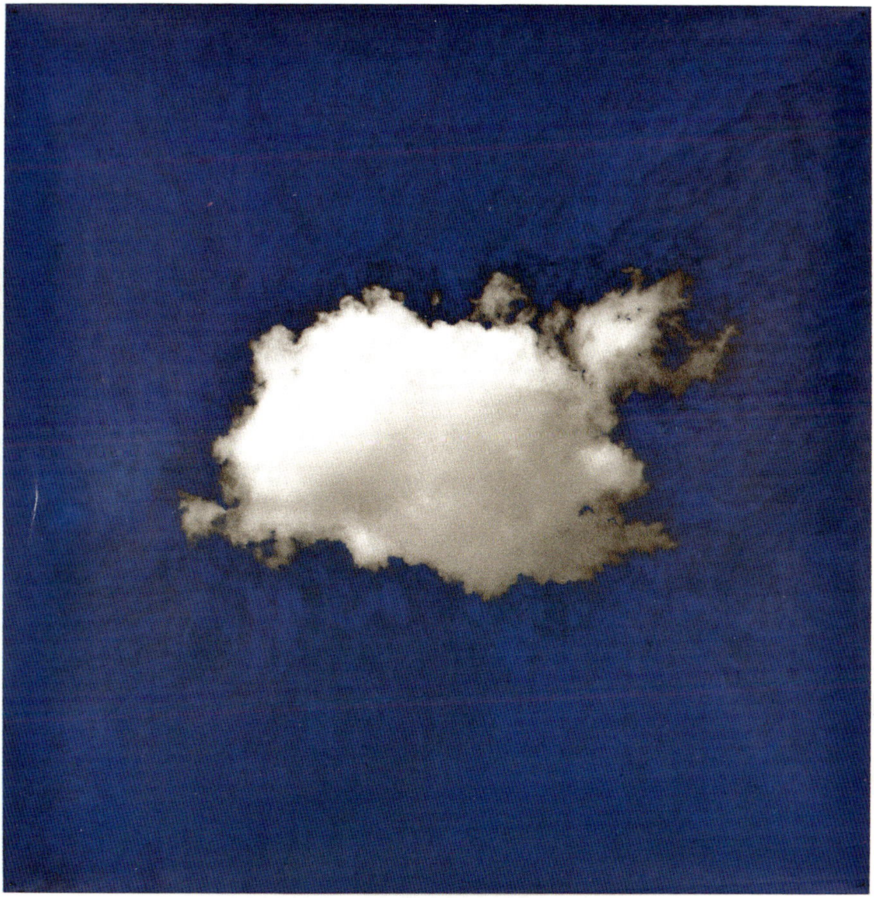

Veteran Too, aus der Serie »A Concordance of Fifty American Clouds«, 2016

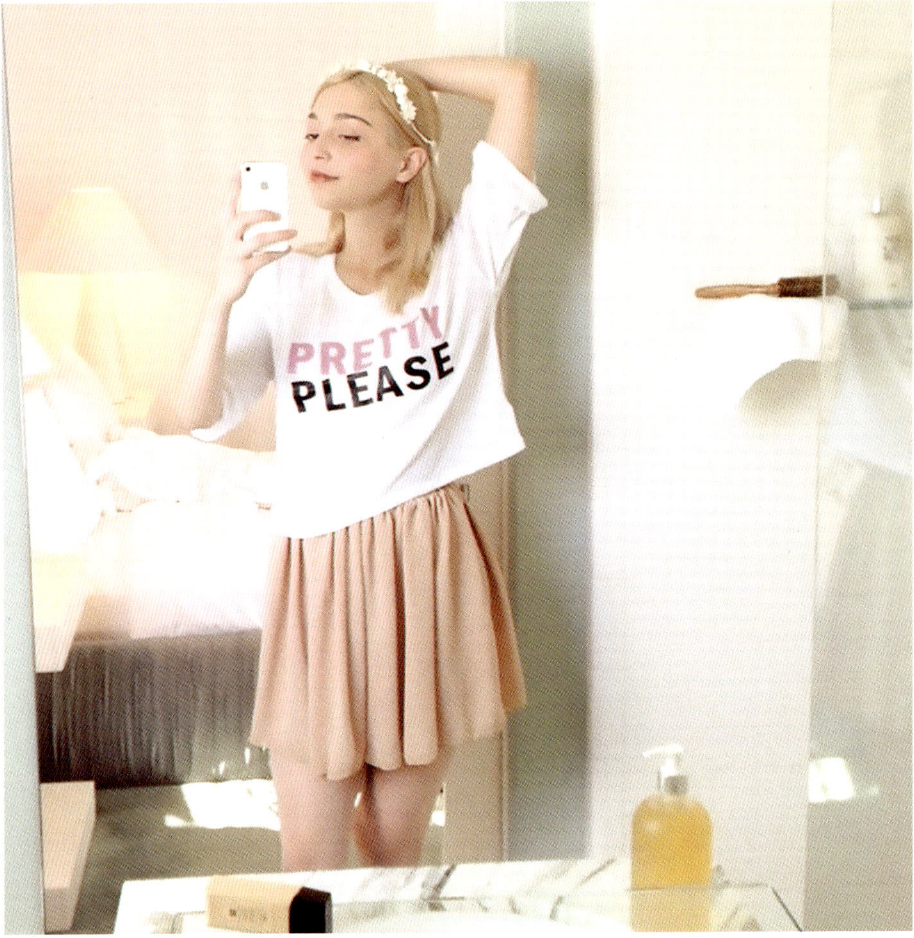

Ohne Titel aus der Serie
»Excellences & Perfections«,
2015 [Instagram-Upload, 1. Juni
2014]

»Wie konsumieren wir Bilder oder konsumieren sie uns?«

Amalia Ulman

***** 1989 / **N:** Argentinien/Spanien / **G:** Selbstporträts, Installationen, Digitale Medien

Mit ihrem Instagram-Account (@amaliaulman) begann Amalia Ulman, die tragische Geschichte ihres fiktiven Alter Ego zu inszenieren. Durch die Bilder in ihrem Feed erlebten wir Ulman, wie sie angeblich mit ihrem Freund Schluss machte, nach LA zog, einen reichen Gönner kennenlernte und sich einer Schönheitsoperation unterzog, worauf sie schließlich depressiv wurde, sich das Leben nehmen wollte und endlich in den Armen eines guten Menschen gerettet wurde. Die Follower waren sich der vollständig geskripteten Performance nicht bewusst und kommentierten Ulmans Bilder bzw. verteilten Likes, offensichtlich weideten sie sich an ihrem Abstieg in einen Zustand narzistischer Verzweiflung.

Ulmans Arbeit legt die verstörende Wahrheit darüber offen, wie die Mehrheit der Menschen Bilder benutzen und konsumieren. Mit Selfies und der Verteilung online hat uns die Fotografie das gegeben, wonach wir alle streben: eine Identität. Nur dass diese Identität nicht unsere ist. Sie ist ein mehr oder weniger fiktiver Charakter, etwas, was wir schaffen, um »geliked« zu werden, um das man uns beneidet und das uns im Extremfall eine Marke abkauft. Es bedeutet, dass die Fotografie als Mittel der Kommunikation mächtiger ist denn je, denn sie hat uns alle zu Vermarktern gemacht – und das Produkt, das wir verkaufen, sind wir selbst.

»Die Fotografie schafft ein Verlangen.«

Alison Jackson

* 1970 / **N:** Großbritannien / **G:** Porträt

Alison Jackson zeigt eine komisch absurde alternative Realität zur ohnehin bereit komisch absurden alternativen Realität der Promikultur. Mit Doppelgängern inszeniert Jackson fiktive Szenarien, die das »Image« bestimmter Promis ins Extreme treiben. Das Enthüllende daran ist, dass ihre Bilder so faszinieren, obwohl klar ist, dass es sich um Fake-Bilder handelt. Es ist, also wollten oder müssten wir irgendwie glauben, was wir sehen.

Für Jackson sind Fotos wie eine Droge, der die Gesellschaft anheimgefallen ist. Was Prominente angeht, bieten sie häufig kleine Einblicke in die Welt von Menschen, die wir nur von Bildern kennen. Die emotionale Bindung, die wir über Fotos mit Fremden entwickeln, verdeutlich die einzigartige Macht des Bildes; Fotos geben uns etwas, obwohl sie es gleichzeitig nicht tun. Ein klassischer Fall von Vorgeschmack – eher einer Spur –, die uns von etwas angeboten wird, das ansonsten unerreichbar ist.

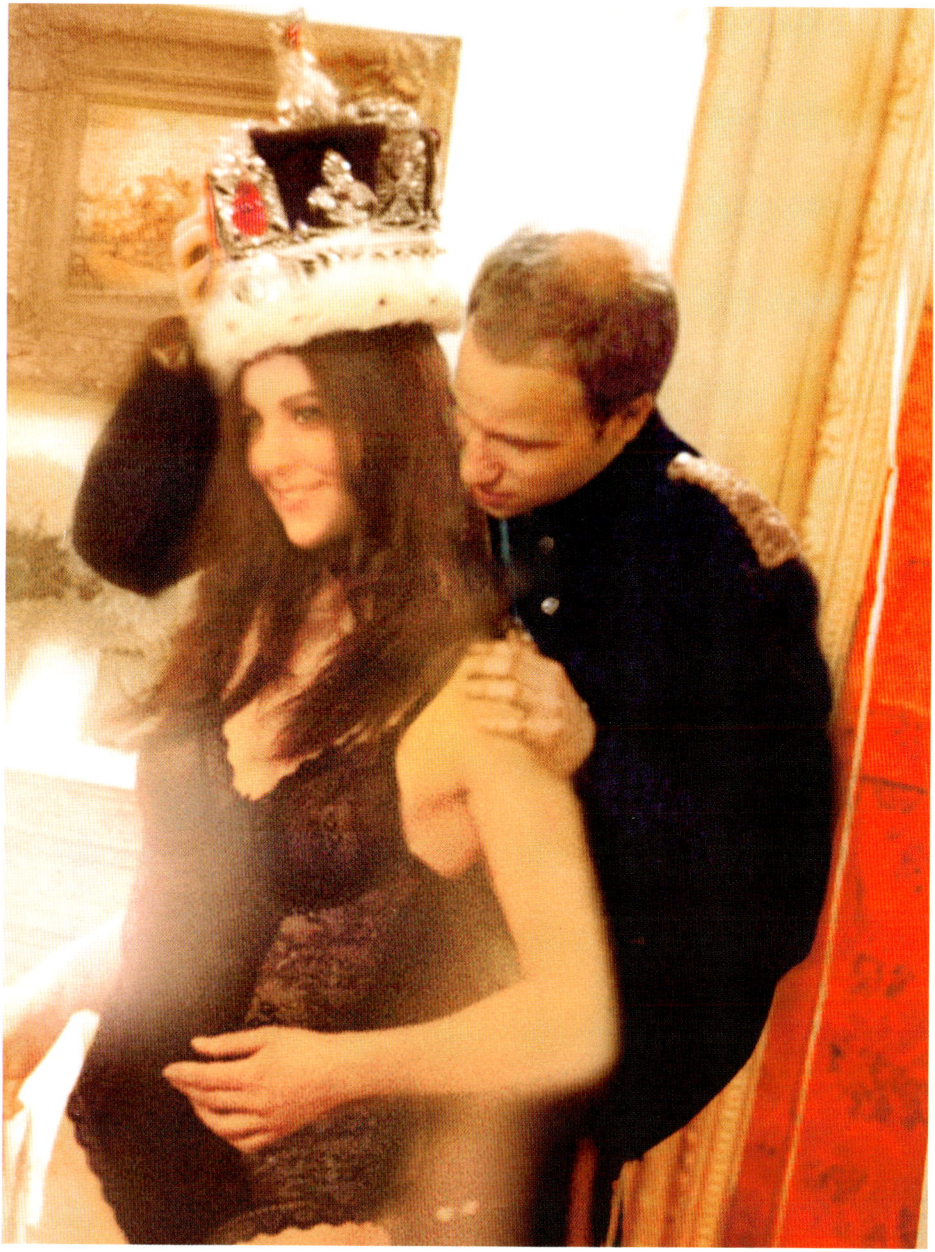

Wills Tries Crown on Kate, 2011

»Menschen zu fotografieren ist eine Kooperation, ein flotter Dreier gar, denn die Kamera ist der Dritte.«

Harley Weir

* 1988 / **N**: Großbritannien / **G**: Mode und Porträts

Kaum ein Gegenstand hat einen so dramatischen physischen und psychologischen Einfluss auf Menschen wie die Kamera. In dieser Hinsicht ist sie wie eine Waffe, geladen mit den Augen eines unsichtbaren Publikums, die auf diese oder jene Weise über das Bild richten werden. Da überrascht es kaum, dass sich eine Fotografin wie Harley Weir, die intime Fotos von Frauen aufnimmt, dieser voyeuristischen Note und der Auswirkungen auf ihre Models durchaus bewusst ist. Wir bekommen einen ungefähren Eindruck davon, wenn wir diese fotografische Ménage à trois betrachten.

Mit ihrem klaren Schattenriss auf dem Model setzt sich Weir selbst ins Bild und wird zu einem wichtigen Bestandteil der Performance. Diese Teilung der Fotografenpräsenz, oder der Position, macht uns auf unseren eigenen Blick aufmerksam. Wir sehen nicht mehr nur mit den Augen des Fotografen, sondern beobachten stattdessen beide Parteien, während wir selbst uns dazwischen wiederfinden. So entsteht das merkwürdige Gefühl, der »Dritte« zu sein. Statt mit den Augen des Fotografen zu sehen, scheinen wir in der Kamera zu sein – oder die Kamera selbst.

September, 2016

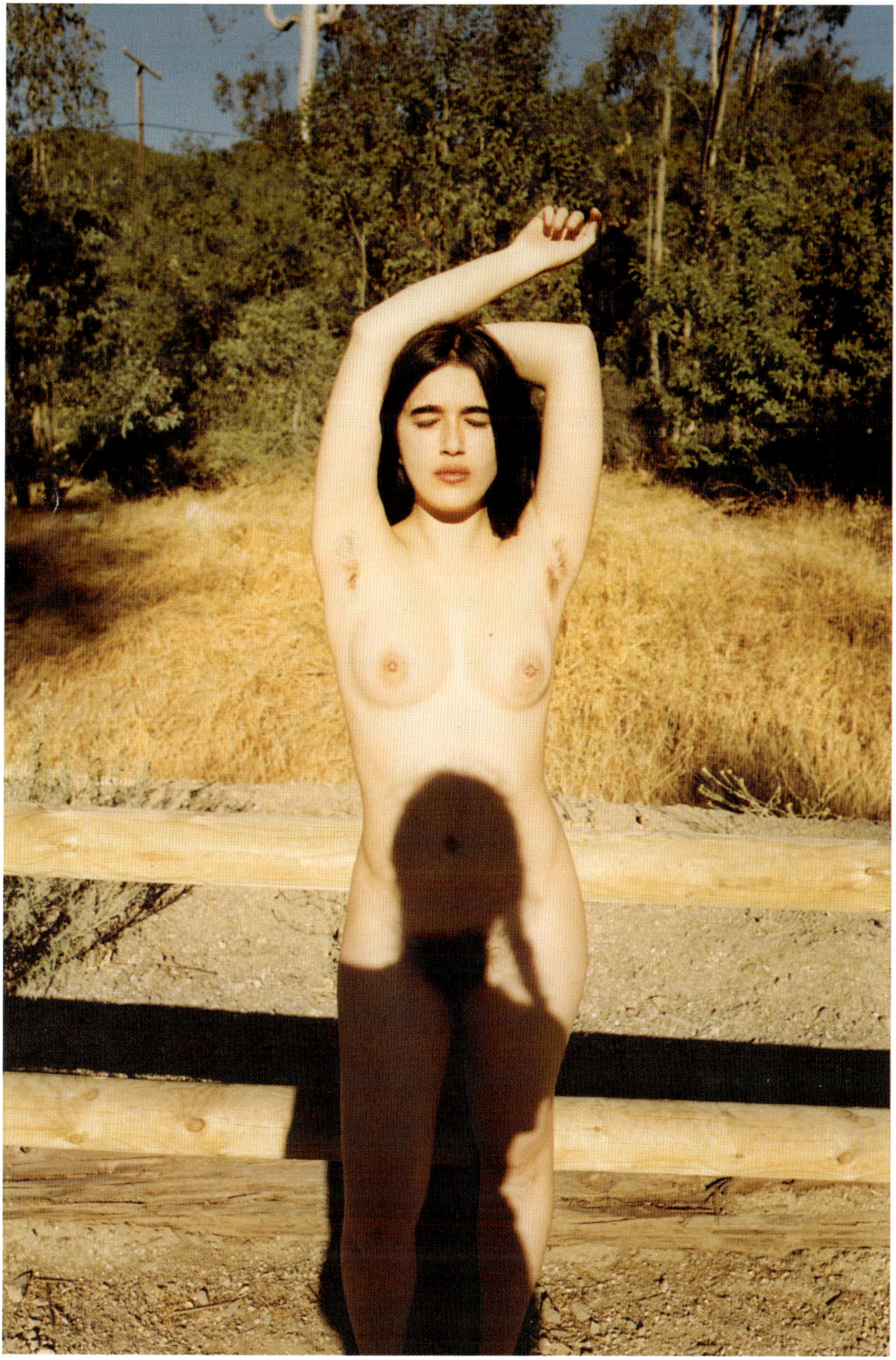

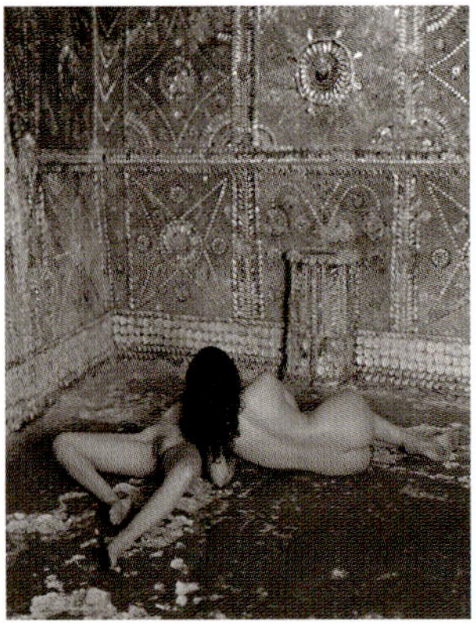

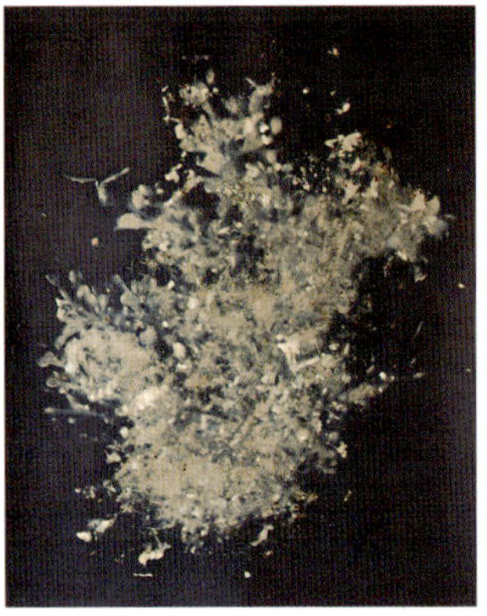

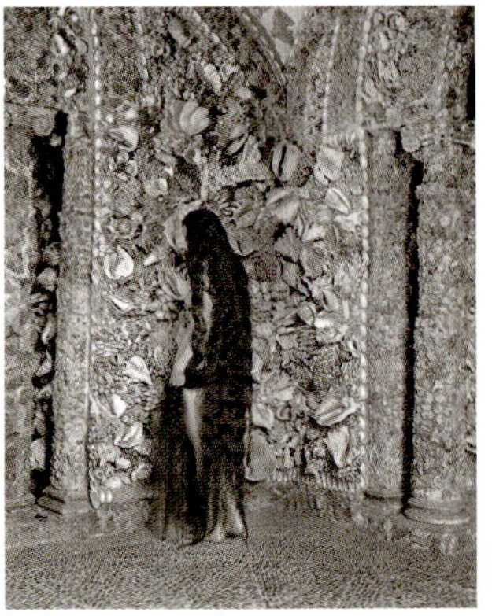

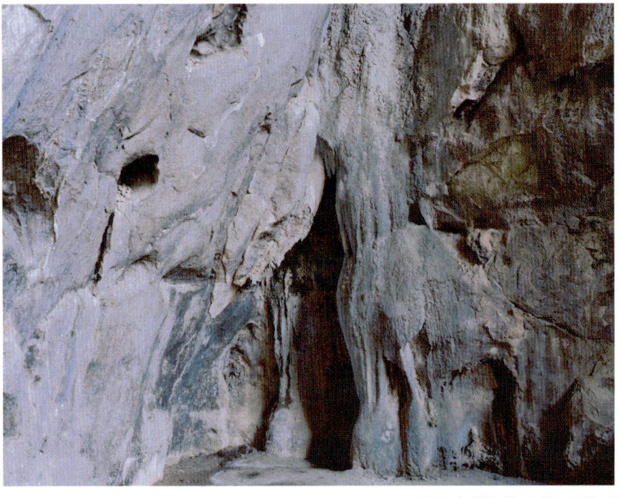

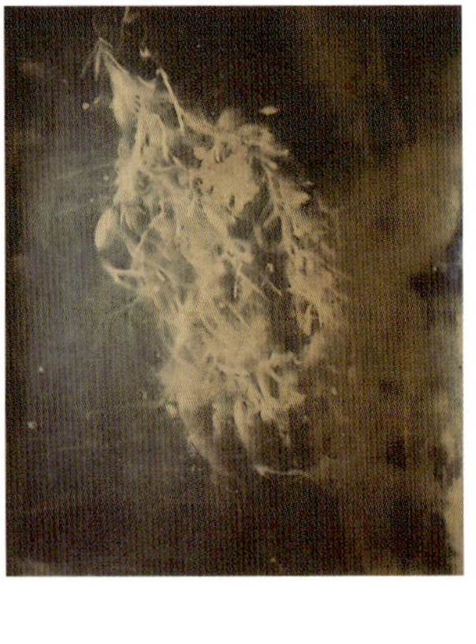

Ohne Titel, aus der Serie »Heavy the Sea«, 2012/2017

»Es fühlt sich an, als wäre mein Körper verschwunden und ich würde zu einem Teil des Bildes, einem Teil der Kamera.«

Esther Teichmann

***** 1980 / **N:** Deutschland/USA / **G:** Kunst

Esther Teichmanns Fotos zeigen eine schleierhafte Welt, in der Menschen in einem Zustand mentaler und physischer Trägheit von exotischer Flora umgeben und von Höhlen umschlossen sind. Bei unserem Blick in die moschusartige Farbpalette entdecken wir bekannte Objekte wie Muscheln, Felsen und Wasser, die jedoch durchaus körperliche Gestalt annehmen. Alles fühlt sich wie die flüchtige Erinnerung an einen tiefen Schlaf oder einen kurzen Einblick in unsere unermessliche Psyche an, ein Ort, den unser Bewusstsein üblicherweise unterdrückt.

Um eine solche eindringliche Welt in Bilder zu fassen, bedient sich Teichmann eines eher viszeralen statt zerebralen Prozesses. Ebenso wie ein Pianist nicht bewusst darüber nachdenkt, welche Tasten er als Nächstes drücken muss, bedenkt ein Fotograf nicht unbedingt jede Einstellung an Set-up oder Kamera. Indem ihr Geist diesen bewussten Zustand verlassen darf, wo logische Entscheidungen instinktive Reaktionen überlagern, wird Teichmann durch ihr physisches Selbst und die Andersartigkeit des Werkzeugs nicht eingeschränkt.

EIN INTERVIEW MIT

ESTHER TEICHMANN

»Die Dinge entwickeln sich für gewöhnlich nicht, wie ich mir das vorstelle, aber so entstehen die besten Arbeiten.«

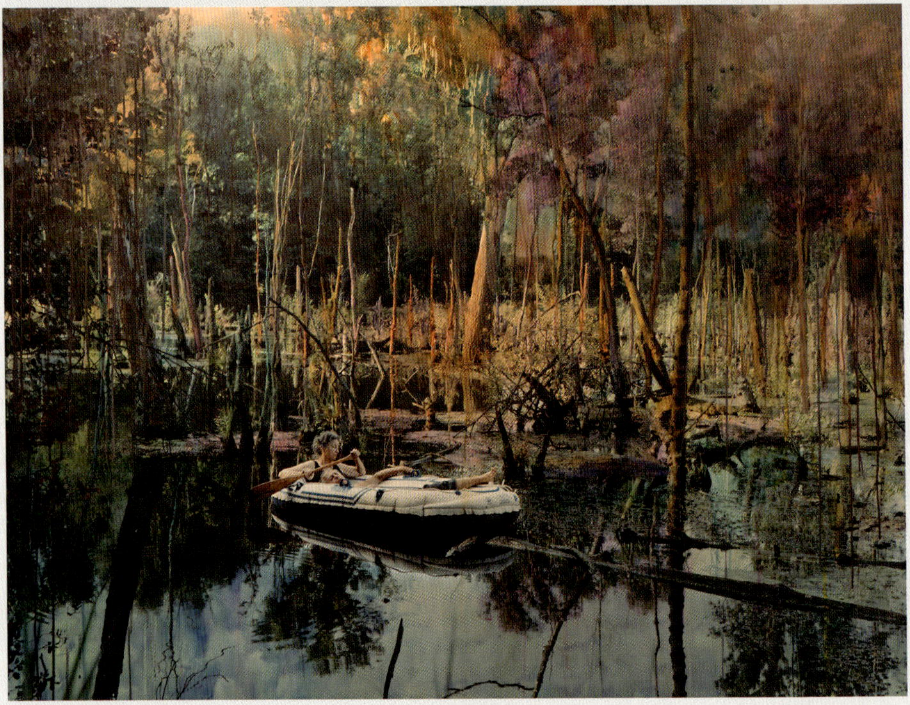

Ich kann mir vorstellen, dass ein Maler oder Bildhauer behauptet, er »vergäße« seinen Körper, denn zum Arbeiten brauchen Sie keine oder nur sehr einfache Werkzeuge. Aber als Fotograf, wie überwinden Sie die bewusste Bedienung der Kamera, die ja ein sehr komplexes und technisches »Werkzeug« ist?

Vor allem durch gute Vorbereitung – besonders wenn ich in meinem Studio mit einem Set oder einem arrangierten Hintergrund arbeite, setze ich das Licht und wähle gewisse Bildausschnitte und Kameraeinstellungen bereits vorher aus. Natürlich gibt es bei der Aufnahme noch kleine Änderungen, aber über die technischen Aspekte denke ich nicht nach, ich lasse mich völlig von der Suche nach dem Bild einnehmen. Das ist eine Kombination aus intensiver Konzentration auf das Bild, stiller aber fokussierter Arbeit mit dem Motiv und höchster technischer Präzision. Natürlich mache ich auch ständig Fehler und die Dinge entwickeln sich für gewöhnlich nicht, wie ich mir das vorstelle, aber so entstehen die besten Arbeiten.

Ohne Titel, aus der Serie »Mythologies«, 2009

Durch Ihre Motive und Ihren Aufnahmeprozess müssen Sie eine sehr enge Beziehung zu Ihren Fotos entwickeln, wie sie ein Betrachter niemals haben kann. Wie beeinflusst die Erinnerung an den Akt der Aufnahme die Bildbearbeitung?

Die zwei Aspekte, ein Bild zusammenfließen zu lassen und in etwas anderes zu verwandeln – eine Art imaginäres Bild. Es lässt sich schwer in Worte fassen, wie sich die Intimität des Shootings anfühlen kann. Ich lasse mir meist Zeit zwischen der Aufnahme und der Bearbeitung, um die Bilder sehen zu können, ohne dass der Akt der Aufnahme noch zu präsent ist. Doch ehrlich gesagt weiß ich meist sofort, sobald ich die Negative sehe, noch ehe ich sie ausgebe, welche ich verwenden werde.

Was die Entwicklung Ihrer Arbeit von Serie zu Serie angeht, wie halten Sie das Gleichgewicht zwischen strategischen Karriereentscheidungen und rein kreativen Wünschen?

Ich arbeite eigentlich gar nicht in Serie, was für das Medium ungewöhnlich scheint. Meine Arbeit ist eher eine Entfaltung, ich umkreise gewisse Themen ständig und erzähle Geschichten immer wieder neu. Ich glaube nicht, dass ich in Bezug auf die Erschaffung meiner Bilder über die Karriere nachdenke, oder ich hoffe es zumindest nicht – ich fotografiere, was mich aufregt oder inspiriert, eher impulsiv statt strategisch oder rational. Strategische Entscheidungen sind eher dann ein Faktor, wenn ich über die Veröffentlichung der Bilder nachdenke, wo und wann ich die Arbeiten ausstelle, und wie das deren Wahrnehmung und Verständnis beeinflusst.

Sind Ihre Bilder eine Kooperation von Ihnen und Ihren Models, oder manipulieren Sie sie insgeheim, so dass sie tun, was Sie wollen?

Über diese Frage musste ich lachen. Aber sie ist wichtig. Generell habe ich eine Idee, meist eher ein Gefühl statt eine genaue Vorstellung. Ich weiß, wie sich ein Bild anfühlen soll, was ich hervorrufen will, oder eine andere meiner Arbeiten, die es reflektieren oder fortführen soll. Ich fühle mich zu Models hingezogen, egal ob es Bekannte oder Fremde sind, die auf mich wirken, von denen ich glaube, dass wir gemeinsam ein Bild schaffen können. Häufig agieren sie gewissermaßen als Ersatz für mich selbst und verkörpern eine Geste oder Emotion, die ich kommunizieren will. Die Intensität dieses Prozesses hängt von einer Offenheit und Generosität auf Seiten des Models ab – eine Bereitwilligkeit, zu dem zu werden, als was ich sie im Bild brauche. In gewisser Weise ist es also eine Zusammenarbeit, bei der das Model sich selbst teilweise aufgeben und zum Teil meines Motivs werden muss. Es gibt da diese absolute Präsenz während dieser merkwürdigen Verflüchtigung in unseren Rollen, die anders ist als bei anderen Begegnungen.

Obwohl Sie ein relativ fertiges Bild vor Ihrem geistigen Auge haben, kommt da jemals etwas völlig Unerwartetes heraus?

Häufig geraten meine Vorstellungen in der Realität zu etwas völlig anderem – darum ist der Prozess ja so unglaublich und aufregend. Er bringt mich an völlig unerwartete Orte. Und dieses neue Werk führt mich wiederum weiter zu anderen Orten und Bildern. Das ist wie eine Reise, die man teilweise plant, von der man sich aber auch führen lässt.

Fotografieren Sie heute aus anderen Gründen als zu Beginn Ihrer Karriere?

Ich glaube nicht, nein. Ohne jetzt zu romantisch oder melodramatisch zu erscheinen, es macht mich sehr glücklich, oder vielleicht lebendig, ich selbst. Ich fühle mich unruhig, irgendwie abgehängt, wenn ich nicht über diese andere Welt der Bilder und Geschichten nachdenke. Sie ist nie fertig, nie abgeschlossen, aber man kann sich vorstellen, was einmal daraus werden könnte, wie die Teile zusammenpassen, darum baue ich immer weiter und arbeite die bestehenden Werke um.

Als Lehrerin an einer Kunstschule müssen Sie Hunderte angehender Fotografen treffen. Haben Sie im Laufe der Jahre einen Charakterzug entdeckt, warum es einige schaffen und andere nicht?

Konsistente und intensive Arbeit sind die Grundlage für jeden Erfolg, ebenso aber an seine Arbeit zu glauben (und dennoch selbstkritisch zu sein). Treiben Sie sich ständig über das Bekannte und Bequeme hinaus, verlieren Sie dabei aber nicht den Kern Ihres Tuns aus den Augen. Lernen Sie nein zu sagen, wenn sich etwas nicht gut anfühlt oder in die falsche Richtung geht, denn ein Fokus ist wichtig, um nicht an Schwung zu verlieren. Umgeben Sie sich mit Leuten, die Sie inspirieren, die offen und großzügig sind, und seien auch Sie großzügig, wenn Sie andere unterstützen.

Dann ist da die Frage des Talents, aber Talent lässt sich nur schwer definieren; wir erkennen es, wenn wir es finden, wenn uns eine Arbeit überrascht oder es uns vorkommt, als hätten wir so etwas noch nie gesehen oder erlebt. »Talent« ist subjektiv und kann vieles bedeuten, und natürlich ist es nicht automatisch gleichbedeutend mit Erfolg, gehört aber unbedingt dazu.

Die Geschichte der Fotografie war seit jeher eher eine Männerdomäne. Selbst heute gibt es nur wenige Frauen vom Rang einer Annie Leibovitz. Liegt es an der Branche oder gibt es soziale Strukturen, die Fotografinnen unterdrücken?

Leider ja, in allen Bereichen. Von der Mode- bis zur Werbefotografie sind Frauen weniger stark vertreten als ihre männlichen Kollegen, obwohl viel mehr Frauen Fotografie studieren als Männer. Wie in vielen anderen Bereichen der Gesellschaft sind die Gründe sehr verschieden, aber das Aufregende ist eine neue Generation von Fotografinnen, die politisch aktiv werden und sich gegen die systematischen Strukturen auflehnen, sie finden neue Wege, um gesehen und gehört zu werden. Es ist auch spannend zu beobachten, wie die Kreativbranche als Reaktion auf die rückschrittliche Politik ihre Geschichte überdenkt, in der viele ausgeschlossen wurden, und diese Übersehenen und Vergessenen nun wieder ins Rampenlicht rückt.

Welches ist Ihr Lieblingszitat über die Fotografie?

Der Fotograf Richard Avedon beschreibt seine erste Begegnung mit der Fotografie als einen Moment, in dem sich ein Wunschbild in seine Haut eingebrannt hat – eine gewalttätige, zärtliche und sehr körperliche Reaktion auf das Medium. In seinem autobiografischen Essay, »Borrowed Dogs« [siehe *Richard Avedon Portraits*. New York: Harry N. Abrahams, 2002], erzählt er von einer fotografischen Tätowierung, bei der ein Bild seiner Muse, seiner Schwester, in seinen Körper gebrannt wurde.

Er schreibt: »Es war mein Vater, der mich an die Physik der Fotografie heranführte. Als ich ein Junge war, erklärte er mir die Macht des Lichts beim Fotografieren. Er ließ mich eine Lupe zwischen die Sonne und ein Blatt halten und damit das Blatt anzünden. Am nächsten Tag klebte ich ein Negativfoto meiner Schwester auf meine Haut und ging an den Strand. An jenem Abend zog ich das Negativ ab und hatte einen Sonnenbrand meiner Schwester auf dem Arm.«

ESTHER TEICHMANN
Esther Teichmann lebt in London, wo sie als Künstlerin und Akademikerin arbeitet. Sie hat einen MA und einen PhD am Royal College of Art und arbeitet in mehreren Disziplinen, darunter Fotografie, Bewegtbild, Schreiben und Kuratieren. Esther arbeitet aktuell an einer Monografie visueller Arbeiten und Essays namens *Fulmine*.

»Wenn Sie ein paar Fakten mit vier Rändern umgeben, ändern Sie die Fakten.«

Garry Winogrand

***** 1928 / **N:** USA / **G:** Street

Um mich eines recht aktuellen Begriffs zu bedienen, »alternative Fakten« können Fotos und Fotografen am besten darstellen. Was zum Beispiel zeigt Garry Winogrands Foto? Ein entspanntes junges Paar mit zwei Schimpansen auf dem Arm? Oder ein angespanntes Paar verschiedener Hautfarbe mit zwei Schimpansen?

Winogrand wusste genau, was er tat, als er dieses Paar ins Bild setzte. Mit seinem bewusst gewählten Bildausschnitt kommunizierte Winogrand einen Standpunkt, der seine Motive ursprünglich gar nicht unbedingt einschloss. In diesem Fall nutzte er den eingefrorenen Moment und die Isolation des Bildausschnitts, um ein Bild zu schaffen und damit schwierige Fragen über die Zuordnung der Menschen in den Raum zu stellen.

Winogrand selbst wertete dabei nicht. Er wollte die Wertung dem Betrachter überlassen, der sich über seine eigene Sicht der Dinge und seine sozialen Vorurteile Gedanken machte sollte. Denn bedenken Sie, das Bild stammt von 1967, einer Zeit, in der Beziehungen zwischen Menschen unterschiedlicher Hautfarbe durchaus nicht alltäglich waren. Darum setzte sie Winogrand auf verspielt provokante Weise in Szene.

Central Park Zoo, New York City, 1967

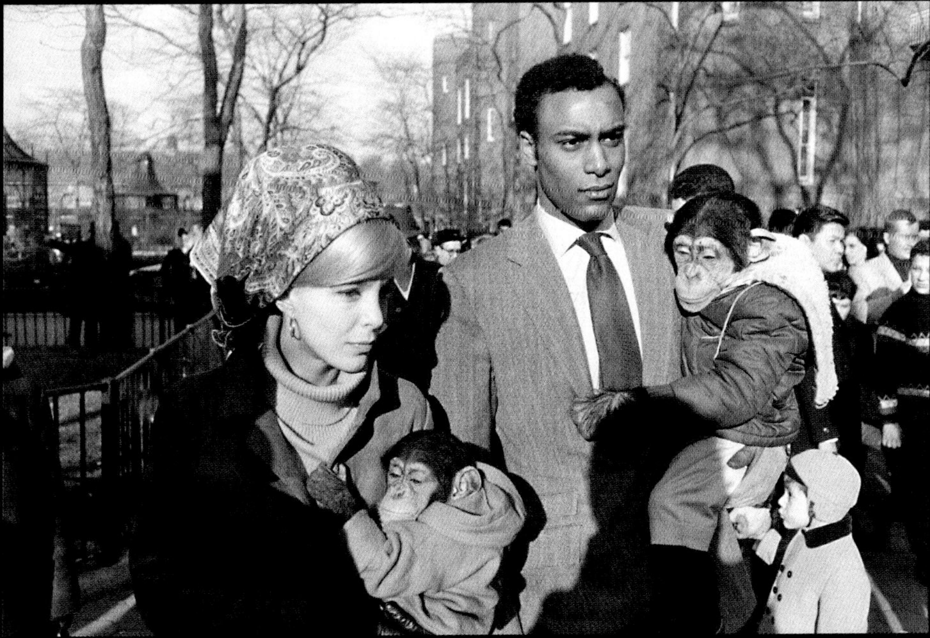

»Wenn eine Person eines Ihrer Fotos anschaut, denkt sie immer an sich selbst.«

Jason Fulford

* 1973 / **N:** USA / **G:** Kunst

Diese Bilder aus Jason Fulfords Buch mit dem verspielten Titel *Raising Frogs for $$$* zeigen verschiedene Objekte, dennoch ist es an uns, ihre jeweilige Bedeutung zu entschlüsseln und Verbindungen herzustellen. Das ist wie ein Spiel, in dem die Spieler ihre eigene Historie durchforsten, um die angebotenen Schlüssel zu entziffern. Das heißt, die Fotos haben keine feste Bedeutung.

Für Fulford ist ein Foto wie der Tintenklecks für den Psychologen: Direkt, nachdem wir die offensichtlichen Aspekte des Bildes analysiert haben (hier also Himmel, Bäume, Stühle etc.), beginnt eine zweite, privatere Entschlüsselung. Diese baut auf Erinnerungen, persönlichen Erfahrungen, Geschmack und kultureller Herkunft auf. In anderen Worten, die erste Analyse sagt, was uns das Foto zeigt, die zweite, was wir daraus machen. Nun ist jeder Mensch verschieden, darum ist die zweite Analyse völlig unvorhersehbar und unterliegt nicht mehr der Kontrolle des Fotografen. Für Fulford ist es diese Schere zwischen dem objektiven Bild und dessen potentieller Bedeutung, die ein Foto zum Leben erweckt.

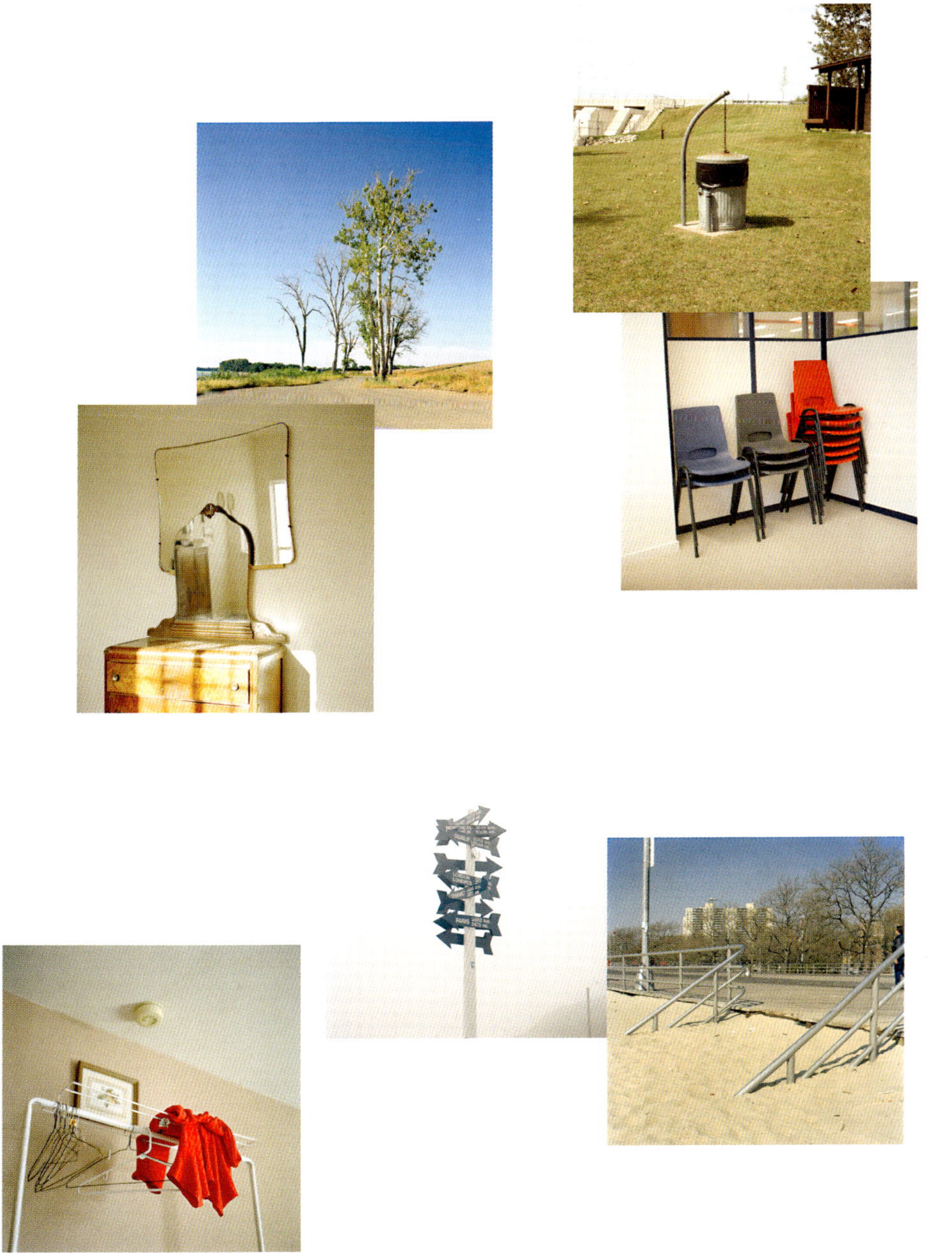

Seite aus *Raising Frogs for $$$*, 2006

5 *(Degradé)*, 2001

»Es ist nicht so, dass mir der Inhalt egal ist, aber der Inhalt ist nicht die einzige Bedeutung, die ein Foto hat.«

James Welling

***** 1951 / **N:** USA / **G:** Kunst

Weil es sich bei James Wellings Werk um ein Foto handelt, erwarten wir, darauf etwas Figürliches zu sehen. Darum erkennen wir auch unwillkürlich eine Horizontlinie, die das Land vom Himmel trennt. Mit dem gelblichen Grün und dem pflaumigen Violett könnte es sich um ein üppiges Lavendelfeld in der Toskana im feurigen Sonnenuntergang handeln. Vielleicht stellt das Grau den Sonnenuntergang dar, der in der Ferne vom Meer reflektiert wird.

Wellings Foto zeigt hingegen nichts. Licht wird durch Farbfilter direkt auf Fotopapier gelenkt, ein Einmalfoto. Es wurde nicht mithilfe eines Negativs oder einer Datei erzeugt, kein Moment wurde eingefroren, es gibt keine direkten Spuren von der Welt und auch kein Motiv. Ein Bild ohne Inhalt. Zwar ist das aufgenommene Licht die Hauptzutat, dennoch schafft Welling ein völlig abstraktes Bild, das die Fotografie von ihrer darstellerischen Verantwortung und ihrer zeitlichen Bindung losspricht. Damit lässt er den Betrachter überdenken, was wir inzwischen von der Fotografie verlangen – und stellt die Annahme in Frage, ein Foto müsse immer »von« etwas sein.

»Die Fotografie ist die einfachste Kunst, und das macht sie zur vielleicht schwersten.«

Lisette Model

***** 1901 / **N:** Österreich/USA / **G:** Street

Um keine Zweifel aufkommen zu lassen, Fotografieren ist einfach. Jeder kann ein tolles Foto machen. Zumindest wenn man wie die Mehrheit der Bevölkerung davon ausgeht, dass ein großartiges Foto scharf und gut belichtet sein und ein schönes Motiv zeigen soll. Lisette Model wollte sich dieser Definition von »großartig« jedoch nicht anschließen. Ihre Straßenfotos aus den 1940er Jahren waren direkt und nah dran, sie zeigten die Arbeiterklasse und mittellose Menschen, die von der höflichen Gesellschaft jener Zeit gern übersehen wurden. Mit satten und charaktervollen Kompositionen, die zärtliche, ausdrucksstarke und sozial pointierte Momente in New York einfingen, erreichte Model mit der einfachsten Kunst das tatsächlich schwerste. Sie demonstrierte, wie ein Medium, das die gesellschaftliche Oberfläche so perfekt aufzeichnet, auch tiefere Einblicke liefern und die zugrundeliegende Menschlichkeit zeigen kann.

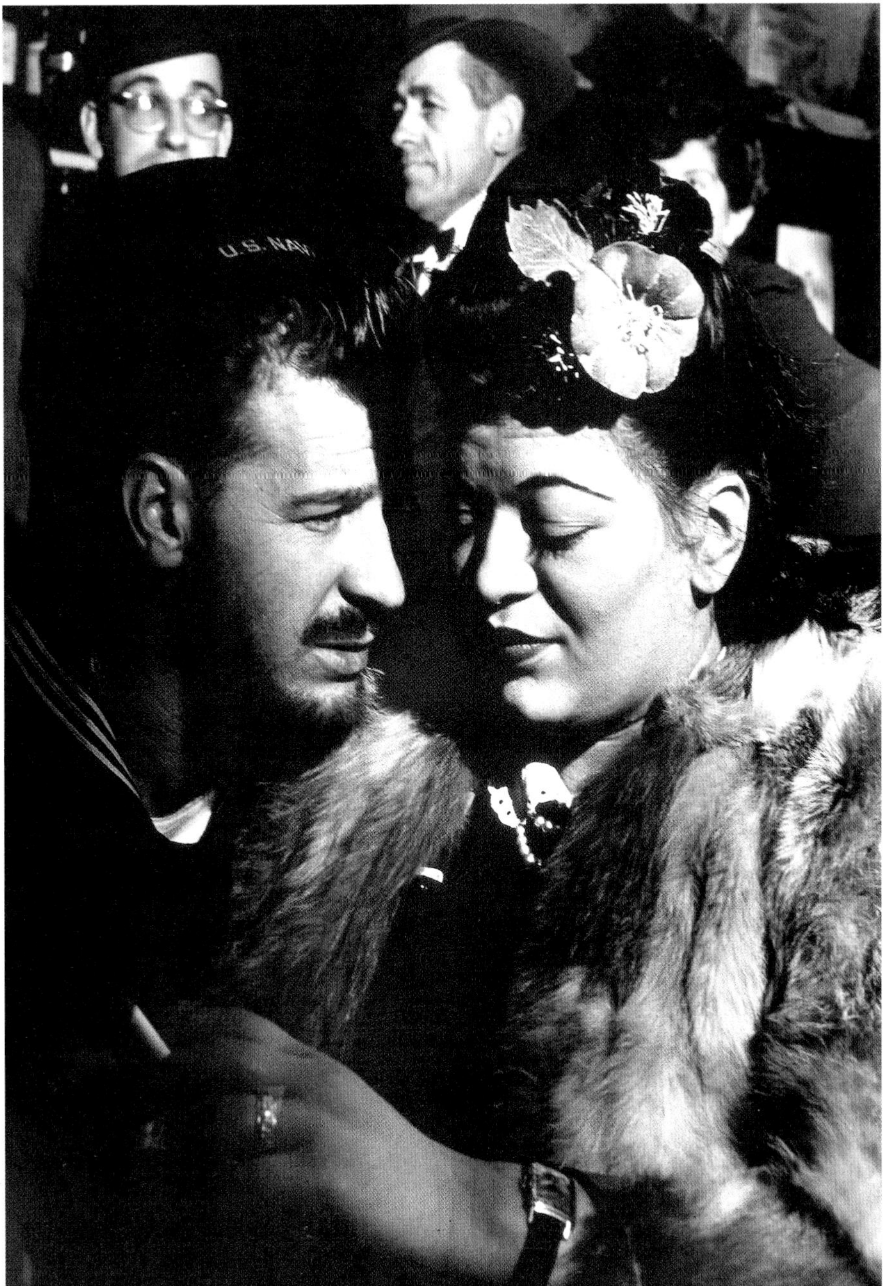

Sailor and Girl, Sammy's Bar, 1940

»Ich respektiere die Fotografie am meisten, die etwas aus dem Äther der Nichtigkeit zurückholen kann.«

Paul Graham

***** 1956 / **N:** Großbritannien / **G:** Street, Kunst

Ein Schwarzer mäht den Rasen und es beginnt zu regnen. Lebensmitteldosen stehen in spärlich gefüllten Regalen. Ein Fremder läuft auf der Straße ins Nichts. Ein strahlender Sonnenuntergang. Menschen warten darauf, dass die Ampel umschaltet. Ein Vogel fliegt vorüber. Eine ältere weiße Frau leert ihren Briefkasten an ihrer Auffahrt. Ein Hispano geht an einer Katze vorüber. Kinder mit schwarzer Hautfarbe spielen in einem Vorort Basketball. Der Mond geht über einer Tankstelle auf.

Dies sind einige der fotografischen Einblicke, die uns Paul Graham in »a shimmer of possibility«, ein Schimmer Möglichkeit, gibt, ein Fotoessay über das moderne Amerika, das zusammenhanglose Begegnungen und Beobachtungen miteinander verbindet. Im Gegensatz zur »normalen« Fotografie richtet Graham seine Kamera nicht auf Dinge, an die man sich erinnern möchte, wie diese Sequenz, die einen Mann in der Zigarettenpause festhält. Durch den Blick in diesen »Äther der Nichtigkeit« legt Graham jedoch Momente offen, mit denen wir uns alle identifizieren können. Diese Art von Alltäglichkeiten, wenn jemand oder etwas unsere Aufmerksamkeit erregt, aus welchem Grund auch immer. Die Momente, die wir im Gehen wahrnehmen oder wegen derer wir einen Moment innehalten, um sie etwas länger zu beobachten. Die Momente, die wir dann in der unordentlichen Ecke unseres Geistes ablegen, der »Realität« heißt.

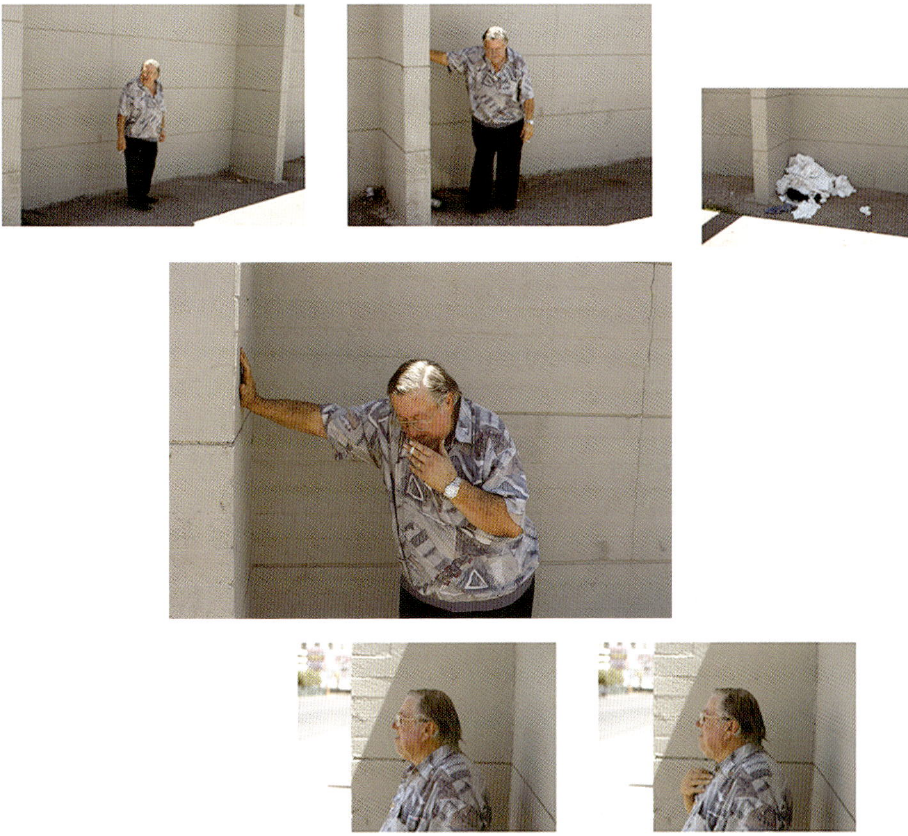

Las Vegas, aus der Serie
»a shimmer of possibility«,
2005

»Wenn man die Künstlichkeit des Bildes nicht fühlen möchte, möchte man daran glauben.«

Viviane Sassen

***** 1972 / **N:** Niederlande / **G:** Mode, Kunst

Viviane Sassens Bilder bieten fragmentierte Einblicke in die mysteriöse Andersartigkeit Afrikas. Sie fotografiert unter gleißender Sonne und setzt Licht und Schatten als Mittel ein, um die Identitäten ihrer dunkelhäutigen Models zu verschleiern. Für das westliche Auge bleiben Menschen, Orte und Aktionen unklar, denn sie liegen irgendwo zwischen Detail und Dunkelheit. In diesem Bild ist das Gesicht des Models tiefschwarz und so klar umrissen verschleiert, als wäre es aus der Komposition herausgeschnitten worden. Es ist gleichzeitig da und auch nicht. Diese Anonymität schafft eine gewisse Trennung zwischen Motiv und Betrachter, die den Zuschauer jedoch nicht völlig vom Bild loslöst.

Doppeldeutigkeit mit einem Fuß in der Realität statt in der Künstlichkeit ist genau das, worauf Sassen aus ist. Sie nutzt keine Tricks der digitalen Bildbearbeitung, die ein Foto schnell als Fake oder völlige Erfindung dastehen lassen. Stattdessen schafft sie visuelle Spannung mithilfe eines sehr einfachen Mittels: der Lichtqualität. Wir werden mit Absicht in gewissem Abstand gehalten und können so keine Beziehung zu den Menschen in Sassens Fotos aufbauen, dennoch erreichen sie uns durch die Reinheit der Technik.

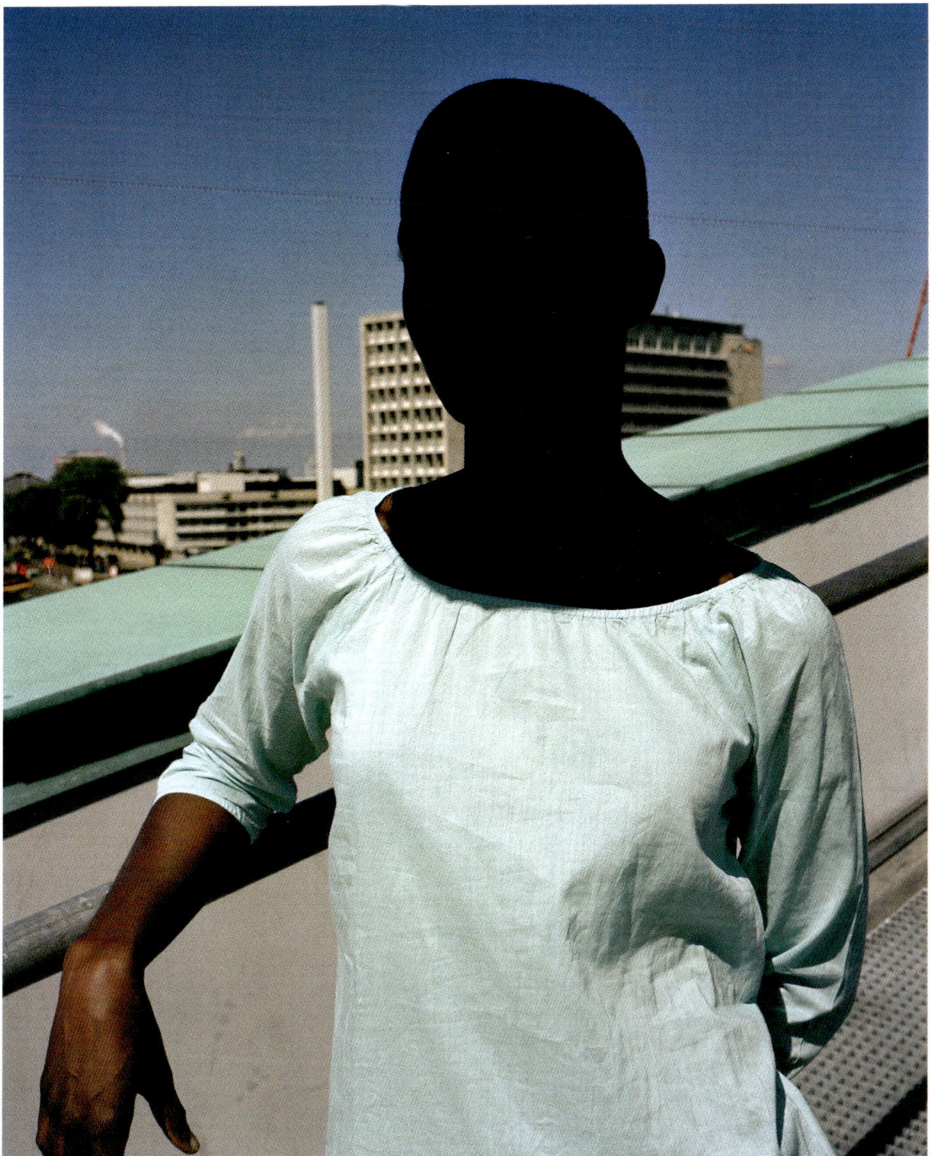

Kathleen, aus der Serie
»Flamboya«, 2000

»Wenn Sie immer mit derselben 'Handschrift' arbeiten, bringen Sie zu viel von sich ein und verdecken zu viel vom Motiv.«

Laia Abril

***** 1986 / **N:** Spanien / **G:** Kunst

Für viele Fotografen ist eine eigene Handschrift wichtig, vor allem in der Werbefotografie. So entwickelt man eine Marke, und wenn diese bekannt wird, drehen sich die Aufnahmen ebenso um den Fotografen wie um das Motiv. Das ist toll fürs Geschäft. In weniger kommerziellen Bereichen, z. B. der Kunstfotografie, denken Fotografen ganz anders über Stil. Darum vermeidet Laia Abril absichtlich eine typische Handschrift.

Hier sehen Sie drei Aufnahmen aus verschiedenen Serien von Abril. Ebenso könnten wir uns die Arbeiten dreier verschiedener Fotografen anschauen. Von einer Serie zur nächsten hat Abril einen völlig anderen Stil angenommen. Statt ihrer Arbeit einen Stempel aufzudrücken, versucht sie, sich bewusst zurückzuhalten. So überlagert ihr fotografisches Ego nicht die Botschaft, die sie mit ihren Bildern kommunizieren will. Stattdessen kann der Betrachter am Fotografen vorbei sehen und sich auf das Thema konzentrieren. In ihren thematischen Belangen ist Abril wiederum sehr konsistent, denn ihre Arbeit bietet punktuelle Einblicke in wichtige Probleme wie weibliche Identität, Sexualität und Frauenfeindlichkeit.

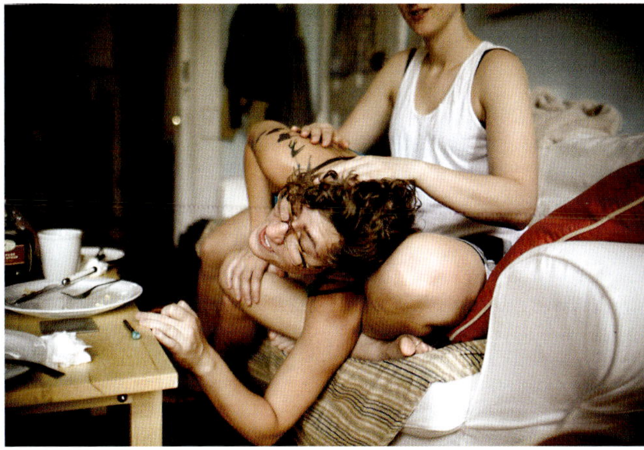

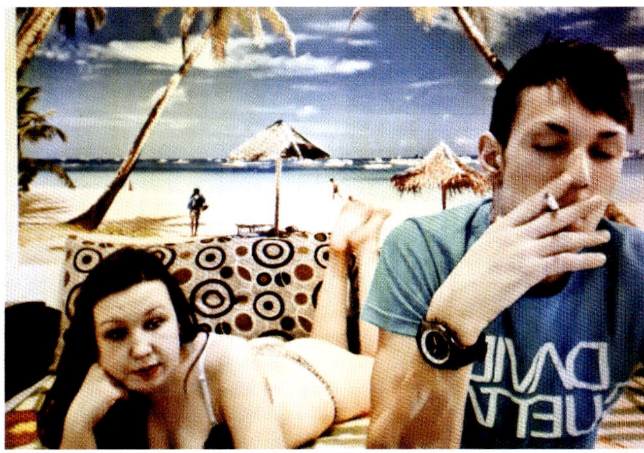

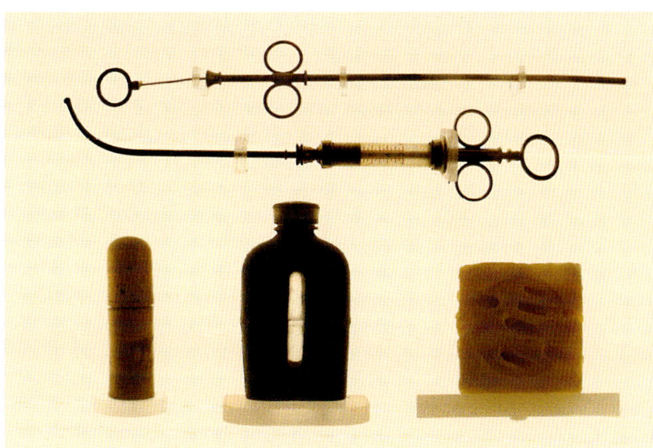

Oben:
Ohne Titel aus der Serie
»Femme Love« 2009

Mitte:
Ohne Titel aus der Serie
»Tediousphilia«, 2013

Unten:
Ohne Titel aus der Serie
»On Abortion«, 2015

»Wenn man etwas zu wörtlich nimmt, kann man es auch vergessen. Es verliert alles.«

Gillian Wearing

***** 1963 / **N:** Großbritannien / **G:** Kunst

In diesem Selbstporträt ist Gillian Wearing mit einer prothetischen Maske von ihrem eigenen Kindergesicht zu sehen. Coole Idee, könnte man sagen, doch deshalb bleibt das Bild nicht in unseren Köpfen hängen. Dafür sorgen die eher unerwarteten Elemente: die Größe der Augenhöhlen, die puppenähnlich glatte Haut und die unheimliche Niedlichkeit des geneigten Kopfes. Aus uns unerklärlichen Gründen sind dies die weniger buchstäblichen Aspekte des Bildes, die uns verstören und faszinieren.

Im Unterschied zu Dichtern oder Malern, die »sich Dinge ausdenken können«, sind Fotografen mit ihrer Kunst an die Realität gebunden. Dieses Problem liegt Wearings Äußerung zugrunde, denn allzu leicht tappt man als Fotograf in diese Falle, nimmt alles zu wörtlich und die Fotografie verkümmert zu einer Übung, eine Idee zu illustrieren oder etwas zu zeigen, wie es ist. Dann wiederum laufen wir Gefahr, absichtlich zu obskur zu agieren, denn das Publikum braucht etwas, woran es sich zumindest anfangs orientieren kann. Darum ist Wearings Fotografie so fesselnd: Sie führt uns ins Bild, lässt dann jedoch unserer Fantasie freien Lauf.

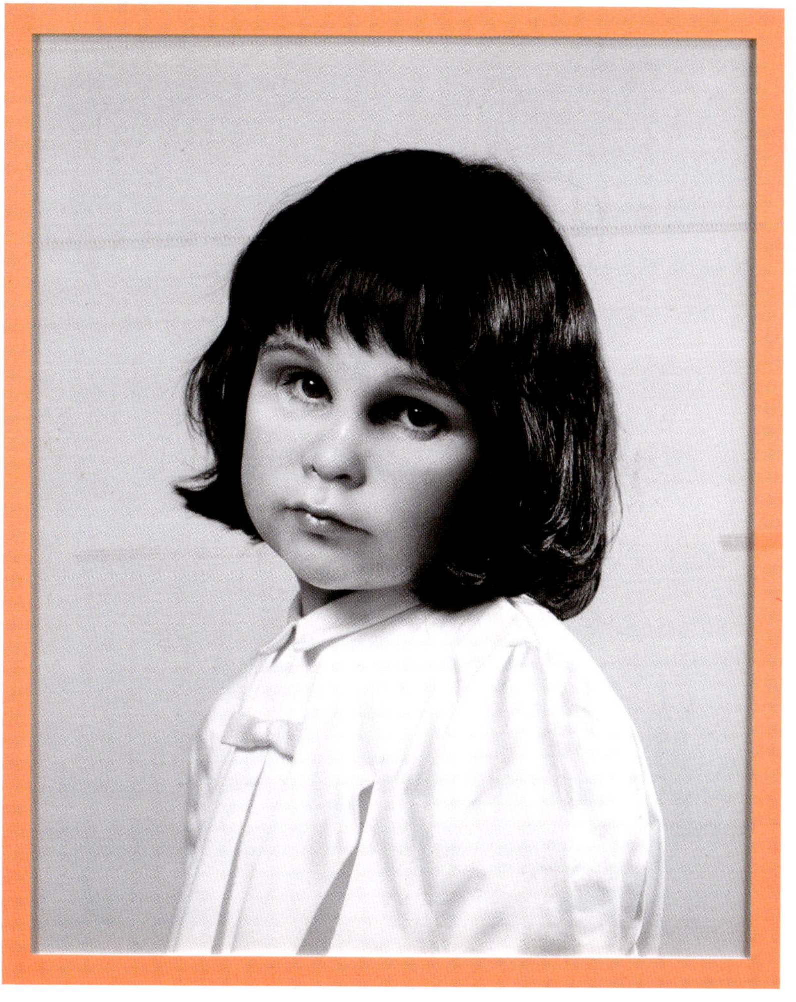

Self-Portrait at Three Years Old, 2004

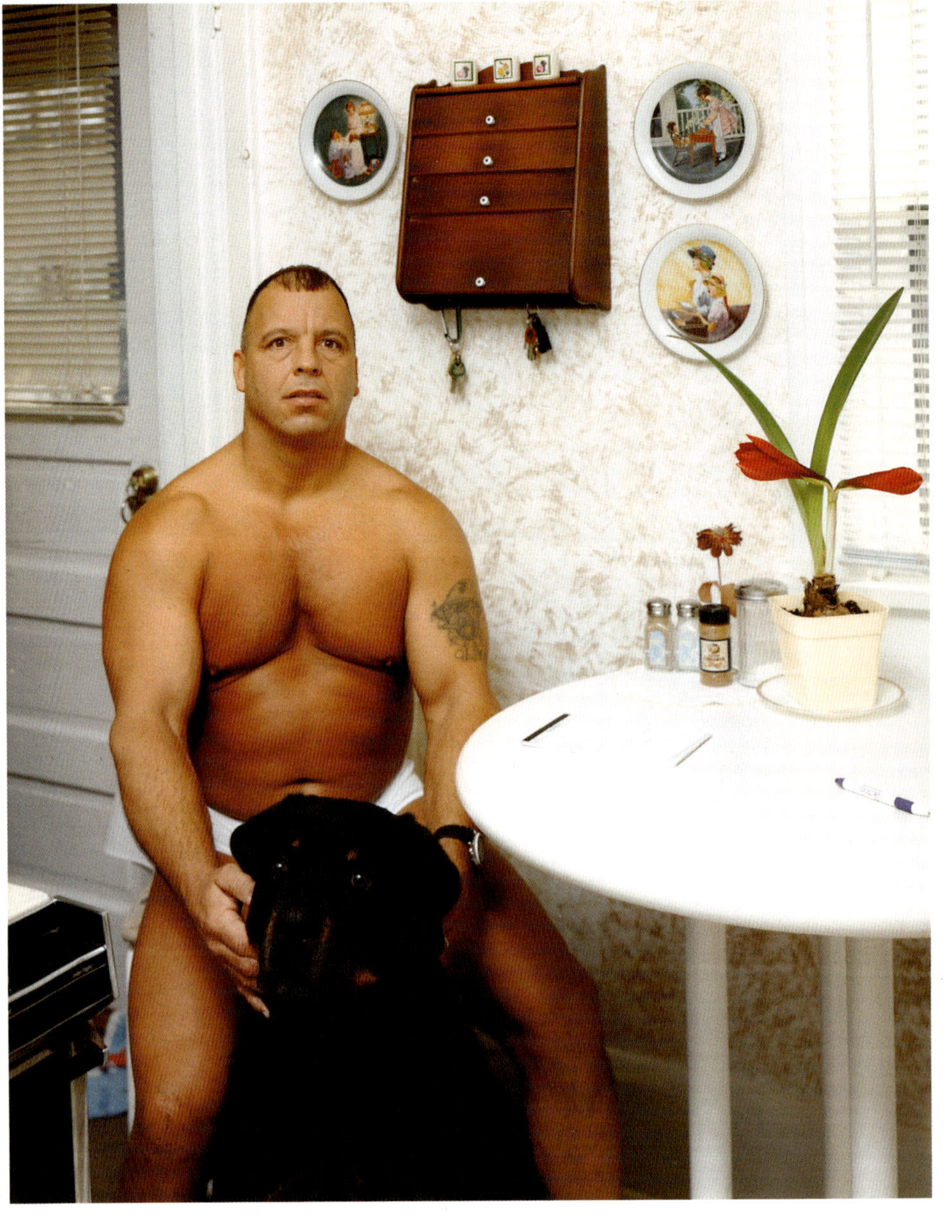

Lenny, Minneapolis, Minnesota, aus der Serie »Sleeping by the Mississippi«, 2002

»Wenn Sie aus tiefstem Herzen Katzenbabys fotografieren wollen, dann fotografieren Sie Katzenbabys.«

Alec Soth

* 1969 / **N:** USA / **G:** Dokumentation

Alec Soth fotografiert keine Katzenbabys. Wahrscheinlich weil ihm Katzenbabys aus tiefstem Herzen egal sind. Er fotografiert viel lieber Fremde und die unbekannten Orte, die ihm auf der Straße begegnen. So kam Soth zu Lenny. Auf den ersten Blick wirkt Lenny wie einer, dem man lieber nicht in die Quere kommen möchte. Aber dann wundert man sich über den superglatten Selbstbräuner und den gewachsten Oberkörper. Der Dekoration nach wirkt das alles etwas zu altbacken und tantig für einen Schlägertypen. Tatsächlich ist Lenny Erotikmasseur, und in einem verrückten Moment entschloss sich Soth, auf seine Anzeige in einer Lokalzeitung zu reagieren.
Für Soth sind dies die Motive und Situationen, die am deutlichsten nachhallen, denn sie berühren etwas ganz tief in unserem Herzen: ein persönliches Bedürfnis, mit seinen Mitmenschen in Kontakt zu treten und Geschichten eine Stimme zu geben, die sonst unerzählt bleiben.

EIN INTERVIEW MIT

ALEC SOTH

»Ich verliebte mich in die Fotografie, denn sie gab mir einen Grund, allein umherzulaufen.«

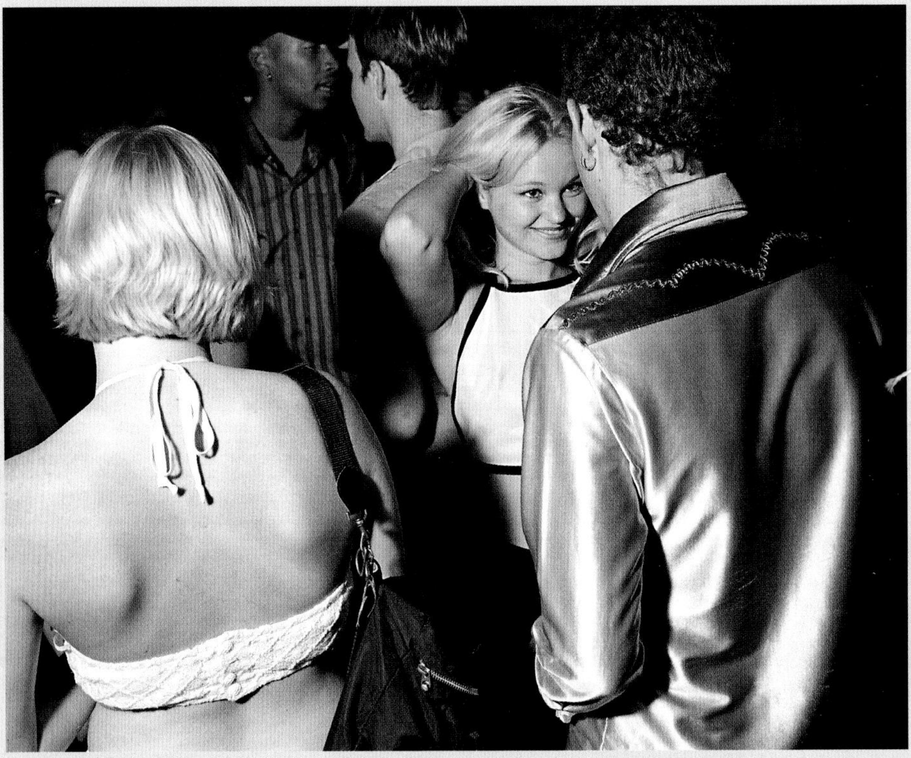

Kürzlich las ich ein Interview mit dem Fotografen Nadav Kander, in dem er sagte, er »beherrsche die Sprache von Nadav Kander immer besser«. Können Sie uns etwas mehr über die visuelle Sprache von Alec Soth erzählen, wie sie sich entwickelt hat und welchen Einflüssen sie unterliegt?

Die Fotografie selbst ist eine Sprache für mich, mit verschiedenen Dialekten und Akzenten. Aber genauso wie ein Dichter keine neue Sprache erfinden muss, braucht ein Fotograf keine neue visuelle Sprache zu kreieren. Vielleicht hatte ich das mit 22 mal irgendwie vor, aber ich habe schnell gelernt, dass solche Ambitionen zu verrückt sind. Wer eine eigene Sprache spricht, kann sich nur mit sich selbst unterhalten. Ich analysiere meinen Dialekt und meinen Akzent kaum. Stattdessen versuche ich einfach zu singen.

Ohne Titel, aus der Serie »Looking for Love«, 1996

Stilistisch scheinen Sie eher zyklisch zu arbeiten. Ihr Einsatz von Blitz und Schwarzweiß in »Looking for Love« unterscheidet sich gänzlich vom natürlichen Licht und den Farben in »Sleeping by the Mississippi«, »Songbook« wiederum sieht dann eher nach »Looking for Love« aus. Es ist also schwer, ein typisches Bild von Alec Soth zu beschreiben oder Sie auf einen Stil festzulegen. Steckt da eine Strategie dahinter?

Die Fotografie ist untrennbar mit der Technik verbunden. Ich bin aber gar nicht daran interessiert, einen Fotografen darüber zu definieren, wie er ein Stück Technik einsetzt. In dieser Beziehung habe ich Filmemacher immer beneidet. Martin Scorsese kann in Schwarzweiß oder in Farbe filmen, und das interessiert die meisten Zuschauer kaum. Stattdessen bauen die Menschen eine thematische Verbindung zu seine Filmen auf (New York, die Mafia, Männlichkeit etc.). Ob das bei Fotografen je der Fall sein wird, bin ich nicht sicher, aber man kann ja träumen.

Wenn Sie sich auf den Weg machen, haben Sie eine Geschichte über Amerika zu erzählen oder lassen Sie Amerika Ihnen eine Geschichte erzählen? Zum Beispiel habe ich gelesen, dass Sie Listen von Dingen schreiben, die Sie fotografieren möchten.

Eine Geschichte, die ich erzählen muss, muss ich erst noch finden. Dann werde ich mich aber eines anderen Mediums bedienen, zum Beispiel eines Films. Die Fotografie schlägt tolle Geschichten vor, gerät beim eigentlichen »Erzählen« aber ziemlich ins Schwimmen. Sie funktioniert eher wie die Dichtung statt wie ein Roman. Für mich beginnt es mit einem Bild oder einer Beobachtung und nimmt mit der Zeit gewisse Formen an. Andere Fotografen können gut ziellos umherwandern, für mich funktioniert das nicht. Um auf etwas aufmerksam zu werden, möchte ich nach etwas suchen. Das eigentliche Ziel ist jedoch, unterwegs etwas Unerwartetes zu finden.

Um eine Erzählung zu konstruieren, haben Sie eine bestimmte Arbeitsweise oder einen Ausgangspunkt? Würden Sie zum Beispiel eine Serie um ein paar wichtige Bilder aufbauen, um innerhalb eines weiter gespannten Projektes eine Mini-Erzählung zusammenzusetzen?

Das kommt auf das Projekt an. Ich habe Dutzende kleinere, experimentelle Projekte gehabt, die ganz unterschiedliche Formen angenommen haben. Für meine größten Projekte habe ich jedoch jahrelang an mehreren Teilprojekten gearbeitet, die eine Vielzahl von Motiven in lyrischer Form mischen. Das Ziel ist eher ein Rhythmus als der Spannungsbogen einer Geschichte. Die Balance ist sehr wichtig. Das ist für mich die größte Herausforderung. Jeder kann ein tolles Bild machen. Aber es ist unglaublich schwer, mehrere Bilder so zusammenzuführen, dass alle zusammen zu etwas Besonderem werden, ohne das einzelne Bild herabzumindern.

Ihre Fotos können sehr intim sein, dem Motiv aber dennoch mit respektvollem Abstand begegnen. Ihre Kompositionen sind zugleich spärlich, kommunizieren dennoch sehr viel. Für mich strahlen sie zugleich eine Wärme, aber auch etwas Kälte aus. Ist das auf einen bewussten oder unbewussten Ansatz zur Fotografie zurückzuführen?

Ich weiß, was Sie meinen. Die Bildqualität ist vermutlich nicht sehr viel anders als meine Persönlichkeit. Aber wie mein Charakter sind die Bilder nicht immer bewusst entstanden. es spielt keine Rolle, wie sehr ich als lustiger Extrovertierter wahrgenommen werden möchte, ich bin, wie ich bin. Das scheint auch bei meinen Fotos so zu sein. Wohin ich auch gehe, dort bin ich.

Wie entscheiden Sie, wieviele Informationen Sie über die Menschen, Orte und Situationen in Ihren Fotos preisgeben wollen? Im Kontext Ihrer Bücher oder Ausstellungen sagen Sie dazu generell nicht viel, und das ist spannend, denn so geht unsere Fantasie auf Reisen und erhält keine bestimmten Antworten. In Gesprächen jedoch geben Sie zusätzliche Kommentare zu bestimmten Bildern ab. In welchem Umfang achten Sie darauf, nicht zu viel preiszugeben, um die wunderbare Doppeldeutigkeit Ihrer Bilder nicht aufzubrechen?

Wieviel preisgeben? Das ist die unendliche Frage. Und ich habe keine fertige Antwort parat. Ich präsentiere meine Werke auf verschiedene Weise und in unterschiedlichem Kontext, um ein Gefühl dafür zu entwickeln. Dabei ist mir das Publikum wichtig. Ich möchte es bei der Stange halten, es interessieren. Allerdings möchte ich den Betrachter auch fordern.

Als Geschichtenerzähler unter dem Einfluss von Musik und Film – ist die Fotografie für Sie befreiend oder frustrierend? Oder

anders formuliert, warum ist die Fotografie das Medium Ihrer Wahl?

Das ist eine gute Frage. Vor Jahren folgten mir Filmemacher ein paar Monate lang während eines Projektes. Ich beneidete sie um ihre Fähigkeit, eine Geschichte zu erzählen, sie wiederum beneideten mich um meine Freiheit. Alles in allem würde ich mich für die Freiheit entscheiden. Wie die meisten Menschen habe ich mich in die Fotografie verliebt, weil sie mir einen Grund gab, allein umherzulaufen. Zuweilen empfinde ich sie als Kommunikationsinstrument problematisch, aber der Prozess macht weiterhin Spaß.

Bei Ihren Reisen durch Amerika müssen Sie so viel Schönes und so viele Motive gefunden haben, die leicht ins Cliché abgleiten. Wenn Sie für eine Serie fotografieren und bearbeiten, wie beschreiten Sie den schmalen Grat zwischen Doppeldeutigkeit und Sprichwörtlichkeit, zwische Metapher und Mystik? Und wenn Ihnen etwas banal erscheint, fotografieren Sie es trotzdem, nur für sich?

Oh sicher, ich mache das Bild! Man kann es ja später noch immer bearbeiten. Ich halte es für einen Fehler, Clichè generell zu meiden. Da besteht die Gefahr, das Kind mit dem Bade auszuschütten. Es hat schließlich Gefühle. Meine Ambition ist nicht, einen Haufen cooler, legendärer Bilder zu schaffen, die in einem Loft gut wirken. Meine Arbeit soll etwas tiefer gehen. Und das bedeutet, hin und wieder auch ein Cliché zu bedienen.

Es ist immer faszinierend zu sehen, wie Künstler und Fotografen Instagram benutzen. Ihr Account, @littlebrownmushroom, liefert uns täglich einen Einblick in Ihre hellere, lustigere Seite. Können Sie uns verraten, was Sie von Instagram halten, welchen Wert hat es kreativ für Sie und wie nutzen Sie es?

Danke, dass Sie es bemerkt haben. Ich versuche, meine Werke mit Humor zu vermischen, verliere mich jedoch manchmal in den Schatten schwerer Inhalte. Es ist also gut, einen Spielplatz zu haben. Ich habe eine kleine Firma namens Little Brown Mushoom. Die stelle ich mir als Sandkasten vor – meinen Ort zum Spielen. Instagram benutze ich als Erweiterung. Es funktioniert wie eine Art Skizzenbuch.

Welches ist Ihr Lieblingszitat über die Fotografie und warum?

Wie alle mag ich, was Arbus über Geheimnisse [»Ein Bild ist wie ein Geheimnis eines Geheimnisses, je mehr es erzählt, umso weniger erfährt man.«] und Szarkowski über zeigen gesagt haben [»Man könnte die Kunst der Fotografie mit der Kunst des Zeigens vergleichen«], aber in letzter Zeit lasse ich mich von Walt Whitman inspirieren. Er hätte auch die Fotografie gemeint haben können, als er sagte: »Jetzt reibe ich dir den Schlaf aus den Augen, Du mußt dich an das Blenden des Lichtes und jedes Augenblickes in deinem Leben gewöhnen.«

ALEC SOTH

Alec Soth, geboren und verankert in Minneapolis, hat über 25 Bücher veröffentlicht und mehr als 50 Solo-Ausstellungen bestritten. Er wurde mit mehreren Mitgliedschaften, Stipendien und Preisen ausgezeichnet, darunter der Guggenheim Fellowship (2013). 2008 schuf Alec Little Brown Mushroom, eine Multimediafirma mit Fokus auf visuellem Storytelling. Alec ist Mitglied bei Magnum Photos.

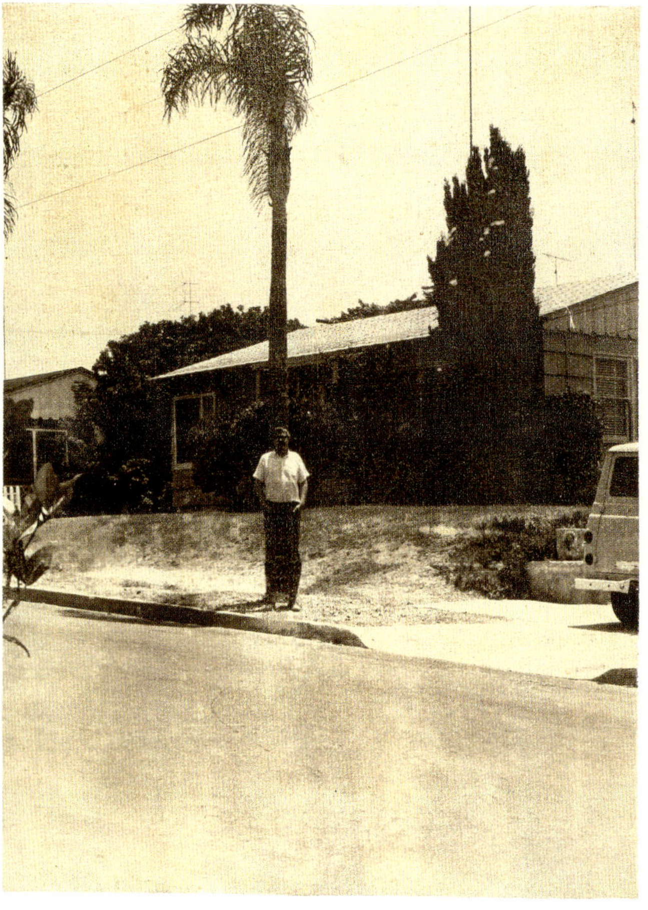

WRONG

Wrong, 1966–1968

»Das wohl schlimmste, was der Fotografie zustoßen konnte, ist der Sucher an der Kamera.«

John Baldessari

***** 1931 / **N:** USA / **G:** Kunst

Paradoxerweise, behauptet John Baldessari, machten Kameras den Bediener eher blind, als ihm zu helfen, denn der Akt des Durch-den-Sucher-Schauens wird zu einer Übung in Konformität. Durch den sauberen, fertigen Rahmen werden wir ermutigt, bekannte Objekte zu finden, die sich leicht entsprechend der bekannten Regeln einordnen lassen. Und, wie in diesem verspielten Werk gezeigt, kann es absurd sein, die visuelle Sprache der Fotografie mit Regeln bewerten zu wollen.

Wie ein Eintrag aus einem Foto-Lehrbuch ist dieses Bild mit der Unterschrift »Falsch« betitelt, denn das Motiv, Baldessari selbst, steht direkt vor einem Baum, der ihm aus dem Kopf zu wachsen scheint. Wir könnten aber auch denken: »Sind die verkürzenden Effekte des Fotos nicht erstaunlich? Wir nehmen den Raum völlig neu wahr!« Mit einer ironischen Meisterleistung schafft Baldessari Kunst, deren visuelle Sprache wir gelernt haben abzulehnen. Damit betont er, dass es keine Regeln gibt, was in den Sucher gehört und was nicht. Oder um es anders zu formulieren: Das einzige »Falsch« ist der Versuch, es »richtig« zu machen.

»Ich versuche, wie ein Alien zu fotografieren.«

Lars Tunbjörk

* 1956 / **N:** Schweden / **G:** Reportage

Man braucht schon besondere Augen, um etwas so Alltägliches so außerirdisch wirken zu lassen. Als Lars Tunbjörk Büros in der ganzen Welt fotografierte, griff er sich die idiosynkratischen Details unter Schreibtischen und die Berge von Unternehmensmüll um chaotische Arbeiter heraus. Seine Bilder lassen die Angestellten aussehen, als wären sie in einer wahnsinnigen Welt administrativer Aufgaben gefangen. Während sie durch das Büro springen und Papiere auf dem Boden ordnen, entsteht der Eindruck, sie wären auf der fieberhaften Suche nach einen »Leben«, das sie in diese Falle geführt hat.

Diese von Tunbjörk beschriebene »Alien«-Eigenschaft hielt ihn davon ab, alles zu direkt zu betrachten. Für ihn existierten Objekte und Aktionen lediglich, sie mussten keine Bedeutung haben. Dieser weniger sprichwörtliche Ansatz gestattete ihm eine abstraktere Sicht auf die Dinge. So agierten Auge und Geist getrennt voneinander, was allerlei Exzentrik im Alltag aufdeckte.

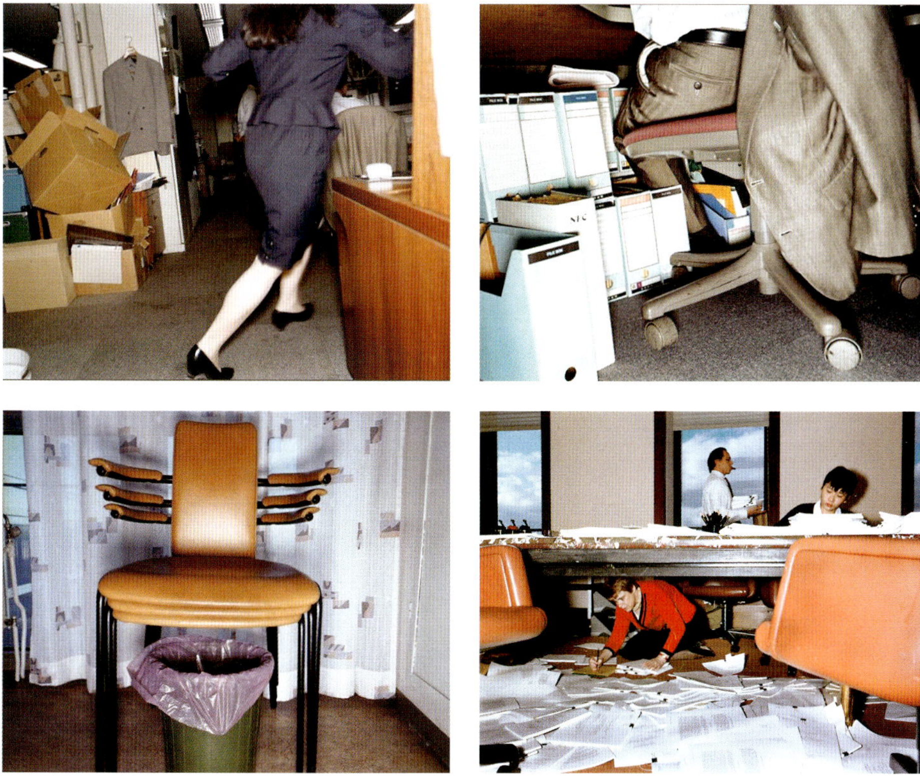

Ohne Titel, aus der Serie
»Office«, 2002

»Meine Fotos gehen nicht unter die Oberfläche Sie gehen nicht unter irgendetwas. Sie lesen die Oberfläche.«

Richard Avedon

* 1923 / **N:** USA / **G:** Porträts, Mode

Die Sitzung war vorüber, Richard Avedon packte ein und Marilyn saß ruhig in einer Ecke. In diesem Moment erhaschte Avedon einen seltenen Blick auf diese vollendete Darstellerin ohne Deckung. Obwohl Marylin sah, dass Avedon auf sie zukam, hielt sie die Pose und gab ihm, was er suchte – ein intimes Porträt der inneren Verwundbarkeit eines Mädchens, das hinter einer sehr öffentlichen Person gefangen ist. Aber, wie Avedon bestätigte, etwas unterhalb der Oberfläche einzufangen oder aufzudecken, ist sinnlos.

Mit seiner meisterhaften Fähigkeit, die Nuancen dessen zu nutzen, was sich an der Oberfläche abspielt – Gesichtsausdruck, Körpersprache, Haar, Kleidung und Licht – konnte Avedon zumindest eine Ahnung dessen vermitteln, was im Kopf seines Models vorging. Für sein Publikum achtete Avedon darauf, dass wir eine Tendenz geboten bekommen, um diese Hinweise als Fakten zu interpretieren, was uns wiederum etwas sehen lässt, was nicht da sein kann: die Aura des Models, dessen Psyche oder sogar ein Einblick in dessen Seele.

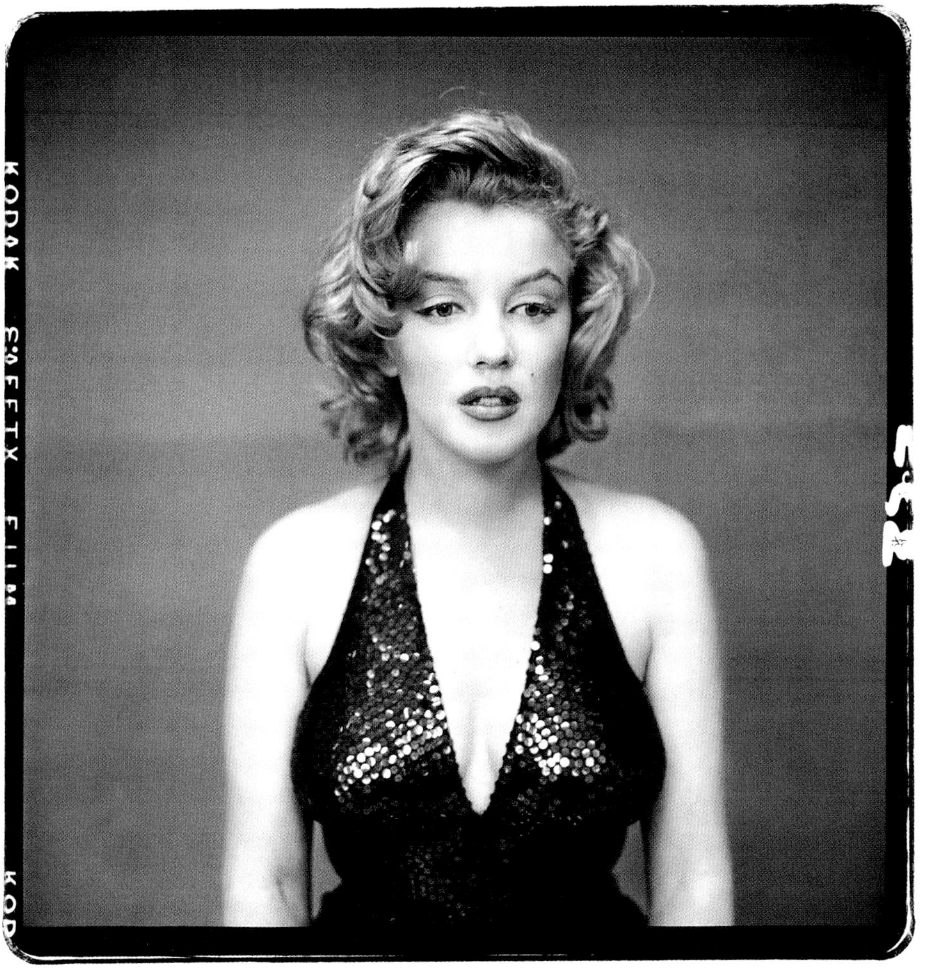

Marilyn Monroe, Schauspielerin,
New York, 6. Mai 1957

»Mit brauner Hautfarbe, als braune Künstlerin, ist dein Werk politisch. Ob es dir gefällt oder nicht.«

Wendy Red Star

* 1981 / **N:** USA / **G:** Kunst

Wendy Red Star beschäftigt sich in ihren Werken mit ihren Ahnen, dem Stamm der Crow, Ureinwohnern Amerikas. Ihr geht es vor allem um deren Darstellung in der Vergangenheit durch Kolonialfotografen des 19. Jahrhunderts, aber auch in jüngster Zeit in TV- und Hollywood-Filmen. Hier konstruiert Red Star eine Szene, die sie in der Natur darstellt. Das humorvoll-künstliche Set-up bezieht sich jedoch auf die häufig in Mainstream-Medien kolportierte Auffassung, amerikanische Ureinwohner wären in der Wildnis statt unter Menschen heimisch.

Statt allzu politisch zu agieren, sieht Red Star ihre Arbeit eher als einfache Reflexion, wer sie ist und worin die Facetten ihrer kulturellen Identität liegen. Sie unterscheidet sich darin nicht von anderen Künstlern, die ihre Werke auf ihre Herkunft aufbauen. Das Problem ist jedoch, dass uns die Geschichte die Fotografie im Wesentlichen als Kunst der Weißen wahrnehmen lässt. Sie wurden zu den Standard-Fotografen, und jeder außerhalb dieses Status Quo wird – egal, worum sich seine Arbeiten drehen –, als ungewöhnlich oder »politisch« betrachtet. Und das ist nicht nur ein Problem der nicht-weißen Künstler. Sie könnten das Wort »braun« in Red Stars Äußerung ebenso gut durch »lesbisch«, »muslimisch«, »behindert« oder sogar »weiblich« ersetzen. Akzeptiert wären jedoch »weiß«, »hetero« oder »männlich«.

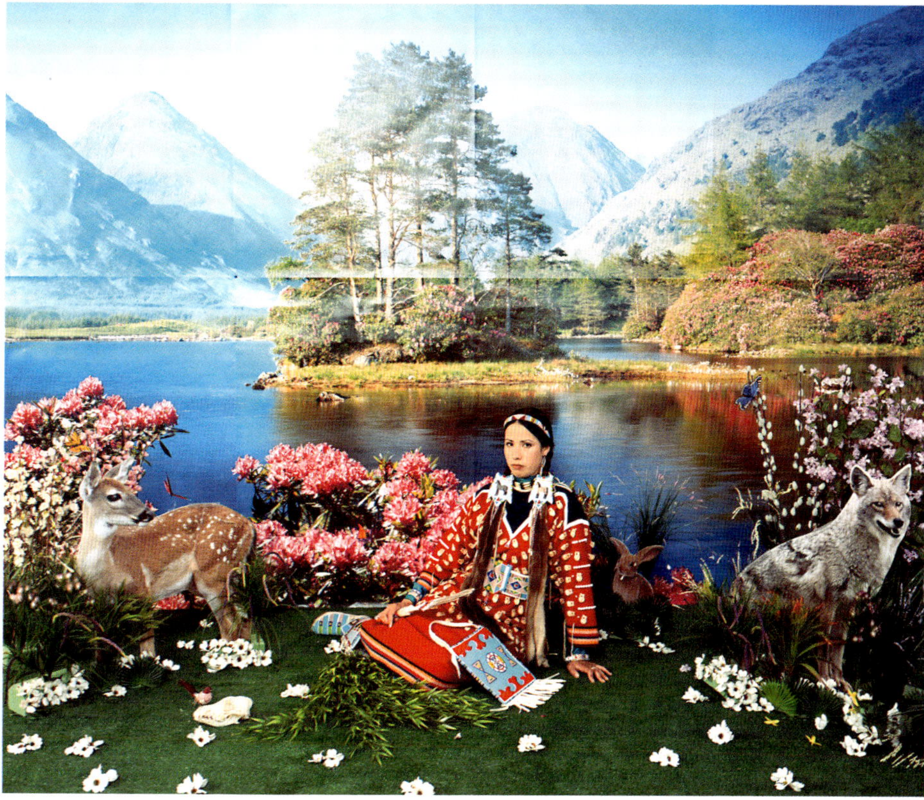

Spring, aus der Serie
»Four Seasons«, 2006

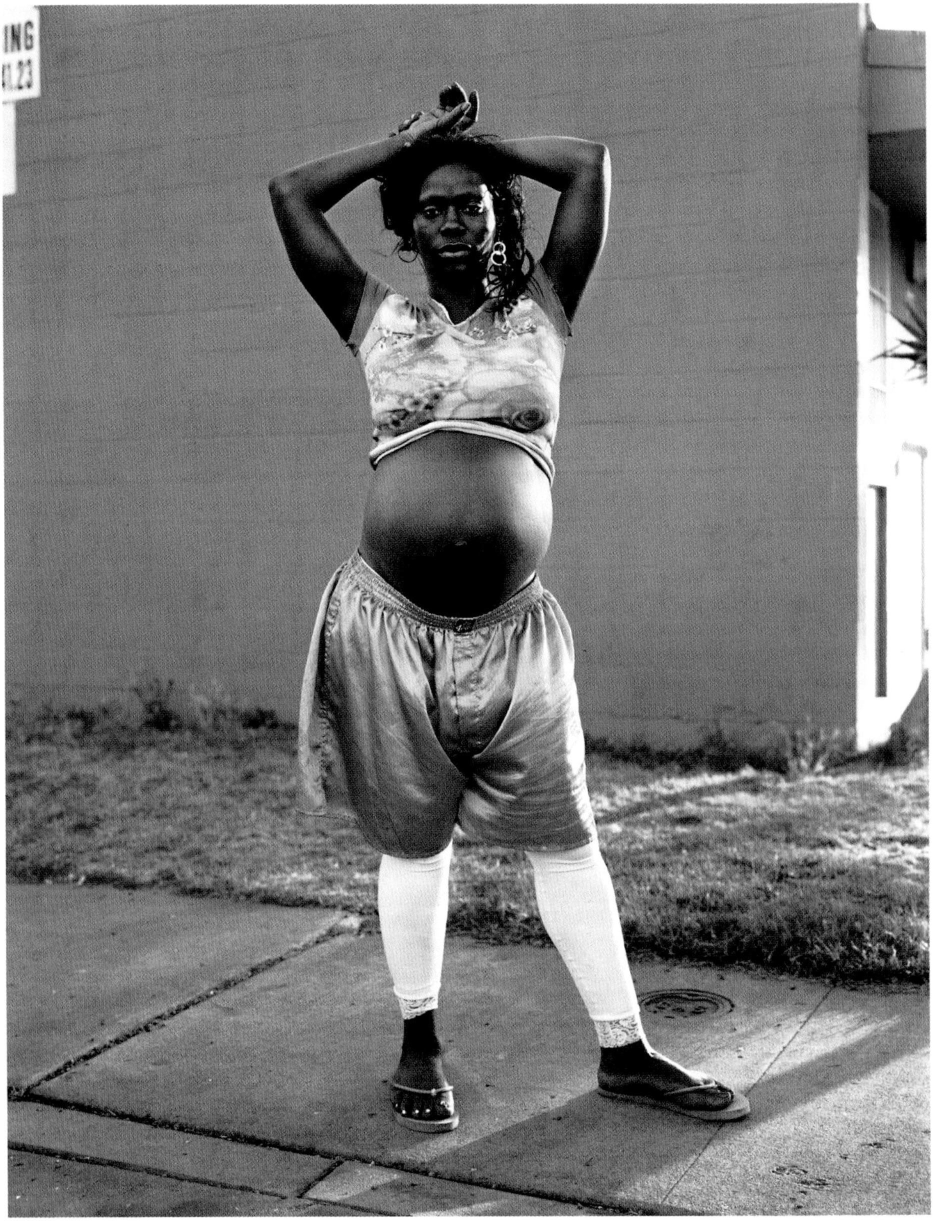

J 50, 2008, aus der Serie »Imperial Courts«, 2008

»Photogen zu sein hat nichts mit gutem Aussehen zu tun.«

Dana Lixenberg

***** 1964 / **N:** Niederlande / **G:** Porträts

In der Fotografie bezieht sich der Begriff »photogen« auf die physische Präsenz einer Person. In der Biologie bezeichnet »photogen« einen Organismus, der Licht abstrahlt. Ich bin mir sicher, Dana Lixenberg würde die biologische Definition vorziehen, denn diese fasst genau das Gesagte zusammen: Wirklich photogene Models sind nicht die oberflächlich Schönen, wie wir sie von Hochglanzmagazinen kennen. Es gibt auch jene, die eine andere Art von Energie ausstrahlen, etwas, was über das oberflächliche Aussehen hinausgeht.

Hier geht von der Person in diesem Foto viel Energie und Charisma aus. Das Bild heißt J50, es zeigt eine Einwohnerin einer Wohnanlage in LA namens Imperial Courts. J 50 verblüfft, aber Lixenberg bedient sich viel mehr als des bloßen Aussehens der Frau im Bild. Die Fotografin konstruiert das Porträt um die feinen Farbtöne, Strukturen und die Körpersprache. Das sind komplexe und vergängliche Eigenschaften, die unseren Blick fesseln. Durch sie beginnt J50 zu strahlen, und das hat mehr mit dem unvorhersehbaren Verhalten von Licht zu tun.

»Man kann nicht genug betonen, dass es sich beim Motiv des Fotografen um reflektiertes Licht handelt.«

Edward Weston

***** 1886 / **N:** USA / **G:** Landschaften, Akte, Stillleben

Edward Westons Motivspektrum könnte wohl breiter nicht sein. Er richtete seine Kamera auf Wüsten, Blumen, Wasser, Muscheln, Gemüse, Menschen, Architektur, Akte und sogar Toiletten. Dennoch fotografierte Weston immer nur eines. Tatsächlich fotografieren alle Fotografen immer dasselbe: reflektiertes Licht.

Wir lernen, dass die physische Form und die Farbe eines Objektes sein Aussehen bestimmen. Fotografen wie Weston beweisen jedoch, dass das nicht stimmt. Erst reflektiertes Licht gibt einem Objekt seine Form, seine Struktur und seine Farbe. In diesem Bild einer einfachen Ecke in einer Mansarde abstrahiert das Licht die Flächen so stark, dass unser Auge die physische Geometrie der Architektur um die Person herum verändern kann. Denn Weston betrachtete physische Objekte nicht als festgeschrieben oder konstant, er konnte die abstrakte Schönheit seiner Umgebung aufdecken. Für ihn unterlag alles der formgebenden Macht des Lichts.

Mansarde, Glendale, Kalifornien, 1921

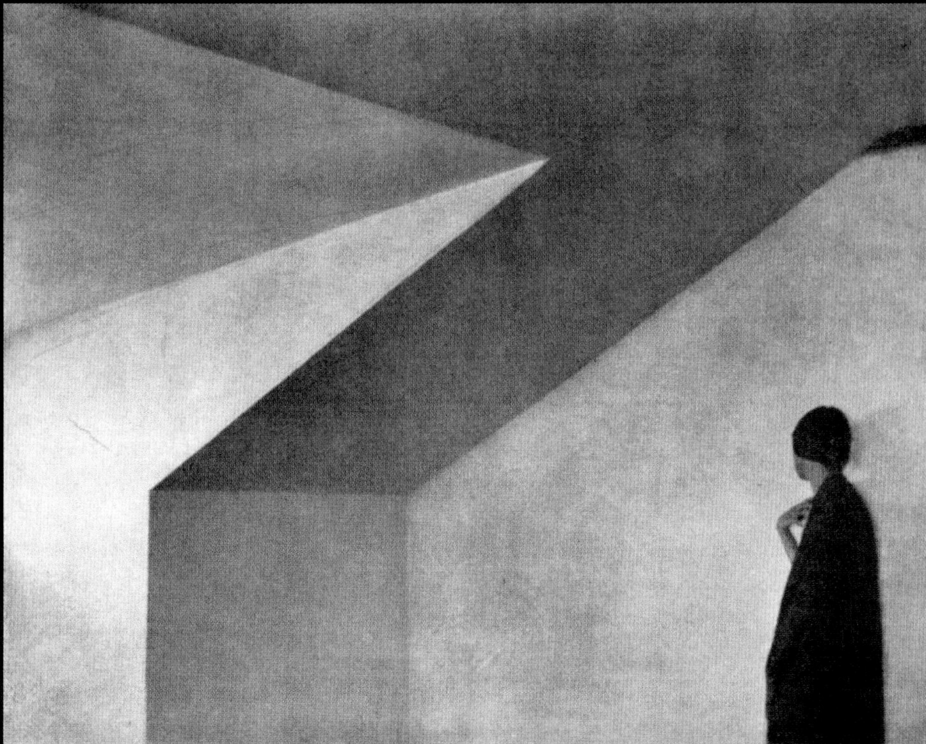

»Normalerweise ist das Motiv des Bildes nicht zugleich das Motiv des Werks.«

Roni Horn

***** 1955 / **N:** USA / **G:** Kunst

Kunstfotografen fühlen sich häufig nicht zu einem Motiv hingezogen, weil es ist, was es ist – sondern was es darstellt. Roni Horns Werk, ihre Fotografie, Bildhauerei und Zeichnungen, konzentriert sich auf Elemente der Natur als Mittel zur Reflexion über Geschichte, kulturelle Identität und ein Gefühl für den Ort. Ihre Serie »Some Thames« (irgendeine/ein bisschen Themse) zeigt Fotos des Flusses. Jede Komposition ist eine Nahaufnahme der Wasseroberfläche, die mal glatt, mal aufgeworfen, von blau bis schimmernd gold aussieht. Zwar ist es immer dasselbe Wasser, derselbe Fluss, aber kein Bild gleicht dem anderen. Das Hauptmotiv hier ist zwar der Fluss, dennoch geht es im Motiv um London, eine bewegte Stadt voller Armut und Reichtum, Tradition und Diversität, Kultur und Verbrechen.

Natürlich könnten wir die Bilder auch einfach als Wasserfotos betrachten. Aber wo bleibt der Spaß, denn wenn wir unsere Fantasie so einengen, verschließen wir uns den Möglichkeiten der Fotografie, eines Mediums, das die Realität in eine zweidimensionale Welt voller Metaphern und Bedeutungen transformieren kann.

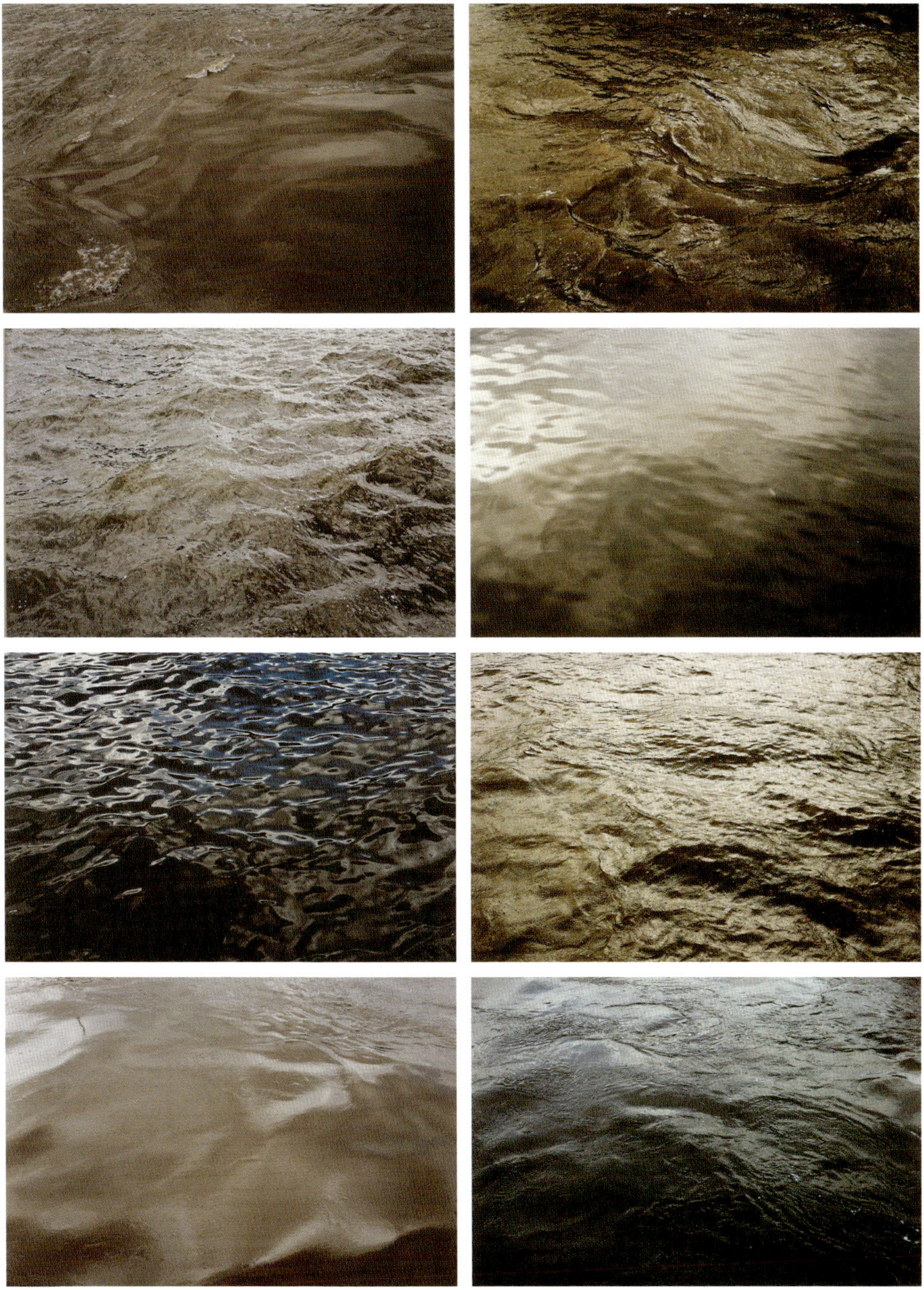

Group I und *Group J*, aus der Serie
»Some Thames«, 2000

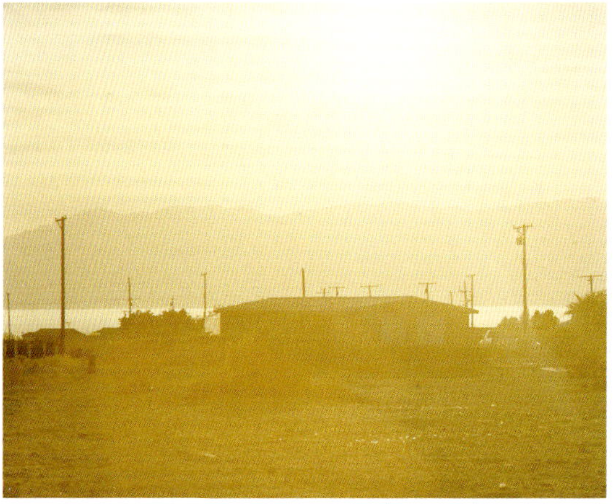

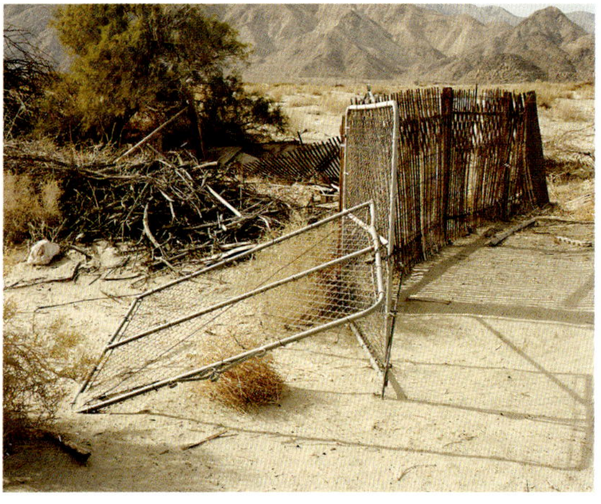

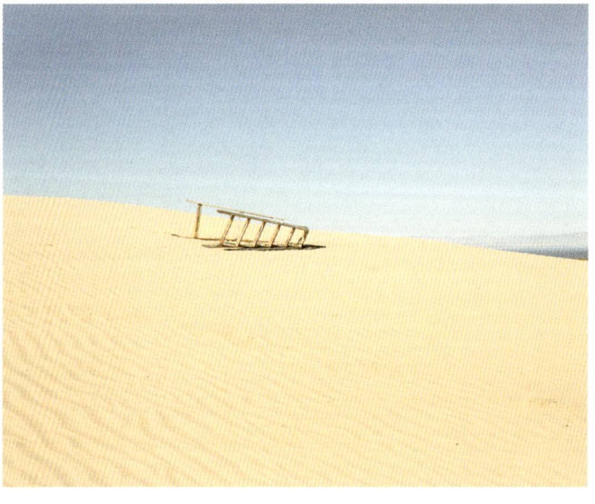

Oben:
House at Sunset,
aus der Serie »Lago«,
2014

Mitte:
Leaning Fence,
aus der Serie »Lago«,
2012

Unten:
Ladder on Dune,
aus der Serie »Lago«,
2011

»Die Metapher sollte nur von selbst an die Oberfläche gelangen, und selbst dann sollte man einen großen Stock bereithalten, um auf sie einzuschlagen.«

Ron Jude

***** 1965 / **N:** USA / **G:** Kunst

Für Ron Jude kommt eine Metapher einem Cliché gefährlich nahe. Das Problem für Fotografen ist jedoch, dass der Grat zwischen Originalität und Offensichtlichkeit sehr schmal ist. Was bei der Aufnahme wie eine clevere und enthüllende Assoziation daherkommt, wirkt am Ende vielleicht sogar etwas banal.

Mit diesen Überlegungen im Hinterkopf wird eine Serie wie »Lago«, für die der Fotograf Orte seiner Jugend besuchte und die ausgetretenen Wüsten des Amerikanischen Westens fotografierte, zum Balanceakt durch metaphorischen Treibsand. Dennoch vermag es Jude, alle klotzigen Symbole zu vermeiden. Seine Kompositionen konzentrieren sich eher auf Einzelmotive in der Landschaft, was sie entrückt wirken lässt: zerstörte Zäune, zurückgelassene Räder und Betonblöcke. Damit entfällt die Last, die Bilder entziffern oder ihnen eine besondere Bedeutung zuerkennen zu müssen. Mit der Ebbe und Flut der Bilder erhält kein Einzelbild zu viel Gewicht. Stattdessen agieren die Fotos als offene Beobachtungen, in denen die Metapher der Stimmung Raum gibt.

EIN INTERVIEW MIT

RON JUDE

»Was ich als Künstler anbiete, ist nicht nur Handwerk oder visuelle Akrobatik; es ist der Kontext, den ich für das Bild schaffe.«

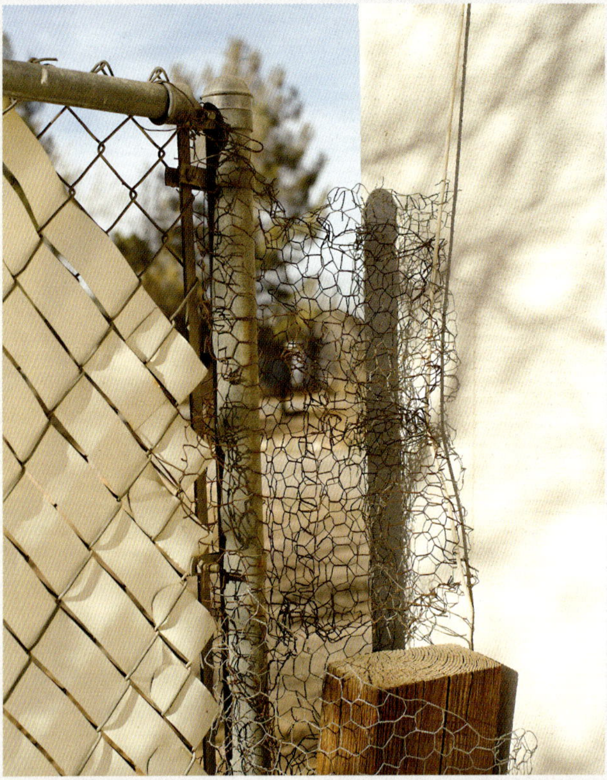

Fence Repair #2, aus der Serie »Lago«, 2014

Was lässt Sie innehalten und etwas fotografieren? Entscheiden Sie sich bewusst für ein Rad, einen Stein, einen Zaun, oder ist das eher ein instinktives Gefühl?

Beim Fotografieren gebe ich mir meist ein Ziel. Ich wähle einen Ort auf der Karte und fahre los. Meist ist der Endpunkt auf der Karte ein beliebiges Ziel, das mich jedoch aus der Tür lockt, um die Welt anzuschauen. In der Wahl des Ortes mag eine gewisse Logik liegen, aber ich weiß, dass das, was ich unterwegs sehe, vermutlich das Interessanteste an dem Ausflug ist. Häufig schaffe ich es noch nicht einmal ans Ziel. Diese Ouija-Board-Methode ist die einzige mir bekannte Möglichkeit, den Prozess der Bilderstellung voller Entdeckungen und Überraschungen zu halten, ohne mich durch eine voreingestellte Agenda einzuschränken. Immer wenn ich von einem rationalen Ort aus gearbeitet habe, sehen die Bilder wie leblose Illustrationen aus. In dieser Hinsicht lasse ich mich also beim Fotografieren von einem Instinkt leiten, wenn auch von einem irgendwie informierten.

Wenn eine Serie weiter fortgeschritten ist und Sie eine bessere Vorstellung davon haben, macht dann dieser Instinkt, dieses Bauchgefühl, häufiger dem bewussten Nachdenken Platz?

Irgendwie ja, aber ich versuche, bei der Suche nach neuem Material nicht zu verkopft zu sein. Bewusste Überlegungen sind eher dann wichtig, wenn ich ein Buch oder eine Ausstellung vorbereite. Aber selbst dann lasse ich Raum für irrationale Entscheidungen. Rationales Denken hilft, um über das fertige Werk zu sprechen (als Künstlerkommentar oder in einer Vorlesung), es ist hinderlich, wenn Sie während der Produktion auf neue und überraschende Ansätze aus sind.

Einerseits wirken Ihre Bilder wie »Beweismittel«, andererseits scheinen sie der »Wahrheit« nicht sonderlich verpflichtet zu sein, ähnlich wie bei einer Erinnerung. Ich würde mich dafür interessieren, wie Sie dazu stehen, aktiv in die vorgefundenen Objekte bzw. Szenen einzugreifen.

Ich habe kein Problem damit, eine Szene zum Vorteil des Bildes zu verändern. Ich bemühe mich nicht um dokumentarische Integrität. Meine Fotos sind klar und betonen, was wir von solcher Art Bild erwarten. Weiter geht meine Beziehung zur Dokumentarfotografie aber nicht. Um jedoch zu den ersten beiden Fragen zurückzukehren, immer wenn ich versucht habe, Dinge in einer Szene zu arrangieren, hat es nicht funktioniert. Denn ich habe dann den reinen Instinkt verlassen und bin in den Illustrationsmodus übergegangen, wenn ich mit Gegenständen herumgespielt habe. In »Lago« musste ich bei einigen Bildern eingreifen, aber meistens versuche ich das zu unterlassen.

Können Sie uns mehr über Ihre Arbeitsweise verraten, was Fotografieren und Bearbeiten angeht?

Ich starte ein Projekt meist sehr weit gefasst, darum kann ich anfangs gar nichts bearbeiten. Es kann durchaus ein bis zwei Jahre dauern, bevor sich etwas herauskristallisiert und ich in meinem Material mehr sehe als ein paar Bilder, die mir gefallen. (Diese Phase durchlaufe ich übrigens gerade.) »Lago« ist das erste Projekt, das schon begann, bevor ich alle Bilder im Kasten hatte, aber auch da habe ich mit der Bearbeitung erst drei Jahre nach den Fotos begonnen. Mit der Arbeit am Buch begann ich in den letzten drei Monaten, als ich noch fotografierte. Das ging ganz gut, aber es ist merkwürdig, welchen Einfluss es auf die Bilder hat, wenn man weiß, was damit werden soll. Ich musste mich einige Male beherrschen als ich feststellte, dass ich im Kopf eine Checkliste von Wunschbildern hatte, als ich losging. Aus den genannten Gründen funktioniert das für mich nicht.

Ihre Serie »Lago« zeigt stille Landschaften, irgendwie zeitlos, denn Veränderungen scheinen ewig zu dauern. Sie akzentuieren diese dann mit Bildern von Menschen und Tieren, für die der Moment um einiges bedeutender ist. Können Sie uns etwas zu dieser Hinundhergerissenheit sagen und wie Sie generell einen Spannungsbogen in ihren Serien aufbauen?

Ich habe keine Formel für die Struktur eines Buches. Ich habe eine Vorstellung von Geschwindigkeit und Rhythmus und Überraschung, und ich versuche, mich davon bei meinen Entscheidungen leiten zu lassen, aber schließlich helfen mir die Bilder selbst – das Rohmaterial – bei der Geschichte. Aber ja, diese Hinundhergerissenheit, die Sie beschreiben, setze ich bewusst ein. Ich versuche, einfache Parameter für die Interaktion der Bilder festzulegen. Das ist der erste Schritt. Wenn ich weiß, wie das Zusammenspiel in einer Sequenz aussehen soll, versuche ich Wege zu finden, um meine eigenen Regeln zu brechen, ohne dass das Konstrukt in sich zusammenfällt. So können erkennbare Muster entstehen, die jedoch nicht vorhersehbar werden sollen.

Hat ein Einzelbild, das nicht von anderen Bildern oder Text gestützt wird, für Sie einen Wert oder ein Potential?

Zwar ist meine Arbeit durch dessen intensive Auswirkungen sehr wesentlich vom Kontext abhängig, aber ich schätze auch Einzelbilder sehr. Der Kontext für die Bilder entsteht vor allem während der Bearbeitungsphase, beim Fotografieren vor Ort geht es ausschließlich ums Einzelbild. Ich habe einzelne Fotos noch nie als »Illustrationen« für eine größere Idee gehalten. Mir gefällt die Vorstellung, dass jeder wirkungsvollen Sequenz eine fundamentale visuelle Integrität zugrunde liegt. Eines meiner Ziele beim Erarbeiten von Büchern oder Ausstellungen ist, dem Betrachter damit auch einfach Freude zu machen. Ohne gute, solide Bilder als Ausgangspunkt würde sich ein Großteil des Publikums nicht die Zeit nehmen, in die eher verschlüsselten oder feinen Aspekte dessen vorzudringen, was ich kommunizieren möchte. (Danach halte ich auch in Büchern und Shows anderer Künstler Ausschau.) Ich mag immer noch handwerklich gute, visuell überraschende Bilder, die für sich selbst funktionieren, zugleich aber auch einer größeren Rolle gerecht werden.

Es mag merkwürdig klingen, aber Ihre Fotos von der Wüstenstadt, in der Sie aufgewachsen sind, erinnern mich an meine Kindheit. Die verbrachte ich aber im grünen London. Wollten Sie, dass »Lago« diese Wirkung hat, und wenn ja, warum?

Ja, darauf hoffe ich bei allen meinen Projekten, egal wie stark der örtliche oder autobiografische Bezug sein mag. Vor langer Zeit sagte Lisette Model einmal zu Diane Arbus, sie sollte möglichst genau sein, statt universelle Dinge zu fotografieren. Durch diese Besonderheiten entwickelt sich eine gewisse Allgemeingültigkeit. Mir als jungem Fotografen schien das sehr sinnvoll und ich nahm es mir zu Herzen. Wenn Sie versuchen, etwas Universelles zu schaffen und dabei aber die Details verwässern, erhalten sie nichts mehr als ein flaches Grundgerüst eines Werkes, denn ihm fehlt die Struktur, und es bewirkt beim Betrachter nichts. Ich finde, man kann durchaus eine Bedeutung für sich selbst ableiten, auch wenn die Geschichte aus dem Leben eines anderen stammt.

Außerdem ist die eigentliche Aussage von »Lago« nicht die Dokumentation der kalifornischen Wüste. Dort spielt die Serie, aber eigentlich will ich die Trennung von Erinnerung und Erfahrung darstellen und wie wir alle, ob in London mit seinen vielen Parks oder im trockenen Salton City, versuchen, diese Trennung mit erzählerischen Ausschmückungen und auch Fiktion zu überwinden. Wir brauchen Trost angesichts des Nichts, und wir suchen danach in stimmigen und sentimentalen Geschichten, die wir uns über unser Leben zurechtlegen. Je weiter wir uns vom Chaos unserer gelebten Erfahrung entfernen, desto leichter können wir zur Arbeit gehen und das Essen für die Kinder zubereiten, ohne in einer existentiellen Krise zu versinken.

Der Amerikanische Westen war und ist das Motiv so vieler Fotografen. Er wurde zu einem so beladenen und politischen Ort, nicht nur in der Realität, sondern auch in der Art und Weise, wie er fotografiert wird. Inwiefern nehmen Sie diese Geschichte und die Arbeiten anderer an oder wenden sich von ihnen ab?

Ich nehme alle an, und als junger Fotograf studierte ich die meisten Arbeiten sehr genau, vor allem von Timothy O'Sullivan und Robert Adams. Mark Ruwedels Werke haben so viel Tiefe und Fokus, dass man als Fotografenkollege nur demütig zuschauen kann. (Mark und ich haben viel im selben Gebiet der Wüste fotografiert. Ich habe sogar einen seiner Drucke bei mir zu Hause hängen. Das Bild entstand in Salton City, wo einige meiner Fotos für »Lago« entstanden.) Richard Misrach hat natürlich Maßstäbe für Fotos aus der Gegend um Salton Sea gesetzt und ich vermeide gewisse Tageszeiten, um Misrach nicht aus Versehen zu kopieren!

Abgesehen von meiner Bewunderung und gar ein paar Gemeinsamkeiten mit diesen Fotografen geht meine Arbeit in eine andere Richtung. Der Westen bietet gute Jagdgründe für Ideen, die sich oft aus der Beschaffenheit eines Ortes ergeben, aber diese Ideen findet man auch anderswo, an anderen Orten mit anderen Motiven. Ich möchte meine Bilder gern in dieser Tradition sehen, aber eher als darauf aufbauend, nicht unbedingt als geradlinige Fortführung. Das wollten alle oben genannten Fotografen auch. Es gibt Überschneidungen, aber alle haben einzigartige Ausdrucksweisen gefunden, ihre eigene Sicht dieser Landschaft umzusetzen.

Welches ist Ihr Lieblingszitat über die Fotografie und warum?

»Jeder kann Fotos machen. Das schwierige ist, sie sich auszudenken, sie zu organisieren und dann so zu verwenden, dass daraus eine Bedeutung erwachsen kann. Dort beginnt die Arbeit des Künstlers.« (Lewis Baltz)

Dieses Zitat entspricht genau meiner Denkweise über die Fotografie als Medium. Wie bereits gesagt, ich finde auch einzelne Bilder wertvoll, aber das, was ich schließlich als Künstler abliefern will, liegt nicht allein im Handwerk oder in visueller Akrobatik begründet; es ist der Kontext, den ich für die Einzelbilder schaffe. Das lässt sich Studenten immer recht schwer vermitteln – dass sie nicht hier sind, um esoterische Tricks für die Dunkelkammer zu erlernen oder die Details von Photoshop, sondern um ihre Bilder als Teil eines Gedankensystems zu erkennen. Das heißt nicht, dass die Werkzeuge unwichtig sind, aber sie sind nur der erste Schritt.

RON JUDE
Ron Jude wurde in Los Angeles geboren, wuchs aber im ländlichen Idaho auf. Rons Fotos wurden verschiedentlich ausgestellt, unter anderem in The Photographers' Gallery in London, Museum of Contemporary Photography in Chicago und dem J. Paul Getty Center in Los Angeles. Ron lebt in Oregon und lehrt Fotografie an der University of Oregon.

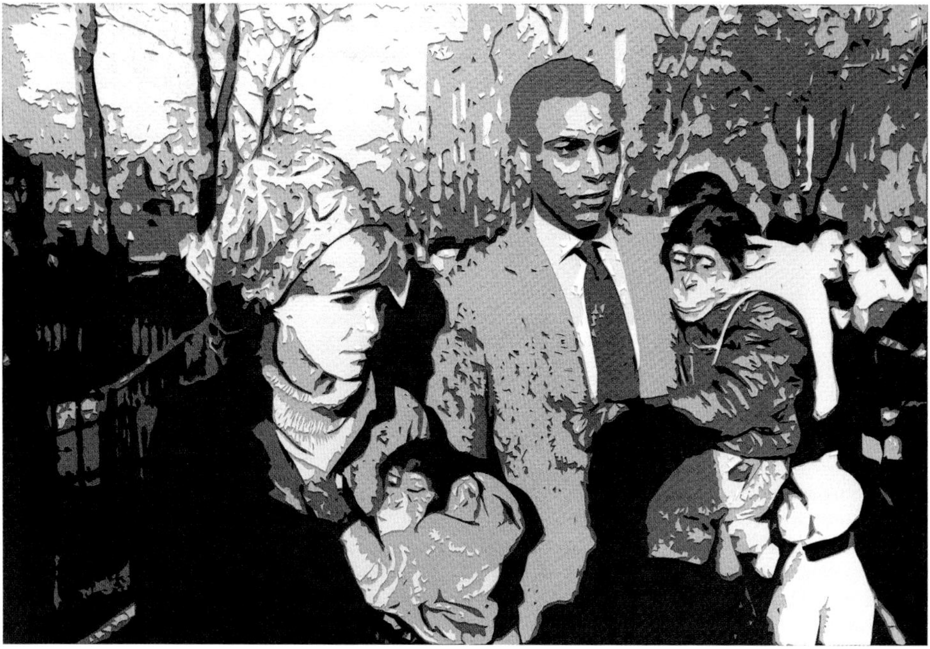

Couple Central Park Zoo, After Garry Winogrand aus der Serie »Pictures of Paper«, 2008

»Ein Foto ist beim zweiten Anschauen nicht mehr dasselbe.«

Vik Muniz

***** 1961 / **N:** Brasilien / **G:** Kunst

Beim Umblättern haben Sie wahrscheinlich sofort das Foto von Garry Winogrand erkannt und sogleich festgestellt, dass etwas anders war. Bei genauem Hinschauen werden Sie feststellen, dass dieses »Foto« tatsächlich aus übereinandergelegten Ausschnitten aus Pappe besteht. Und noch eines wird Ihnen aufgefallen sein, das vielleicht Offensichtlichste: Das ist weder ein Foto von Winogrand noch ein Papp-Gebilde. Wie bei jedem anderen Bild im Buch handelt es sich um Farbpunkte auf einer Buchseite.

Mit seiner Serie »Pictures of Paper« (Bilder aus Papier) macht uns Vik Muniz darauf aufmerksam, dass Fotos nicht so unveränderlich sind, wie wir denken. Je nach Betrachtungsabstand nehmen wir ein Foto als Einheit oder als ein Universum von Pixeln oder Papierfasern wahr. Beim wiederholten Hinschauen nehmen unsere Augen einen ganz anderen Weg durchs Bild, wir erhalten die Informationen also jedesmal in anderer Reihenfolge. Auch die Zeit spielt eine Rolle. Wenn Sie jetzt ein Foto von sich als Kind anschauen und es mit dem Zeitpunkt der Aufnahme vergleichen, wie beeinflusst Ihre eigene Geschichte die veränderte Wahrnehmung? Für Muniz sind Fotos faszinierend, nicht weil sie keine Geschichte erzählen können, sondern weil es zu viele sind.

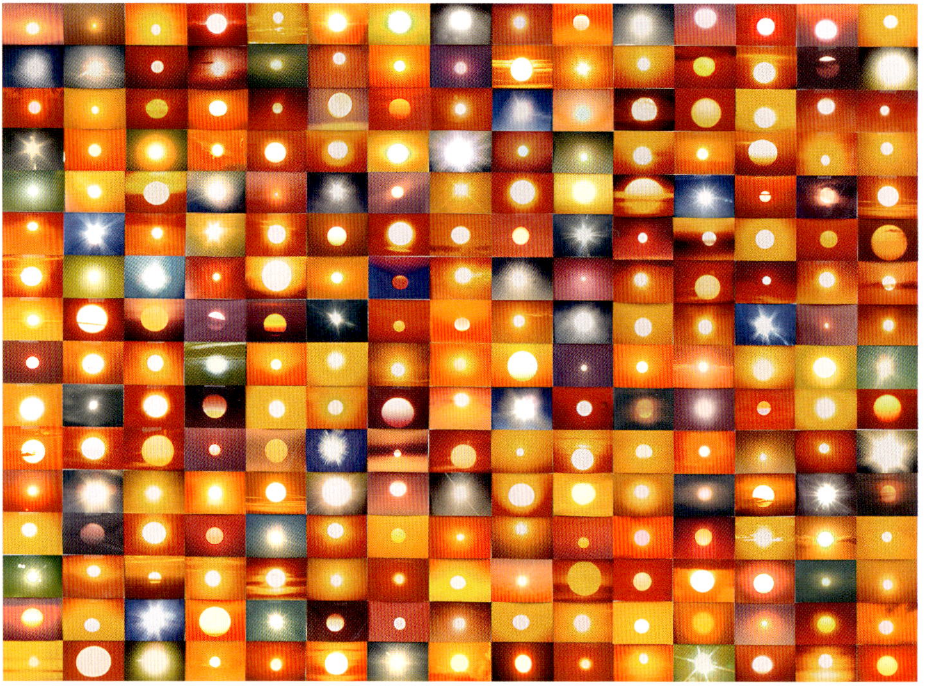

Detail aus *541,795 Suns from Sunsets from Flickr (Partial) 1/23/06*, 2006

»Durch die Fotografie kann man ein Objekt besitzen, das man sonst nicht besitzen kann.«

Penelope Umbrico

***** 1957 / **N:** USA / **G:** Kunst

Alle diese Sonnenfotos, die Penelope Umbrico von Flickr eingesammelt hat, sind verschieden. Manche leuchten weiß, andere gelb. Manche vor einem blauen Himmel, andere vor einem eher gelben. Manchmal erscheint die Sonne sternförmig, dann wieder als perfekter Kreis. Eine einzige Sonne wird zu Tausenden und jede Inkarnation gehört dem Fotografen, der sie aufgenommen hat.

Für Umbrico geht es bei der Fotografie nicht nur um Erinnerungen. Sie ist eine Möglichkeit, Besitz von dem Gesehenen zu ergreifen. Wenn wir vor dem Grand Canyon stehen, hilft es uns, einen Bildausschnitt zu wählen und ein Foto zu machen, um das Großartige zu begreifen. Es ist ein Versuch, das Unfassbare zu erfassen, das Unerforschte zu erforschen. Es existiert nicht mehr nur »irgendwo da draußen«; es wird zum Hintergrund auf unserem Handy, zum Banner auf unserer Social-Media-Seite oder hängt als Großdruck über dem Sofa. Irgendwo in diesem Prozess der »Besitzergreifung« kommt auch eine unterbewusste Missachtung ins Spiel. Diese epischen Dinge, die viel älter und viel bedeutender sind als wir, bedrohen unser Selbstwertgefühl. Durch unsere Fotos erobern wir sie einfach.

»Fotos können nur im Präteritum sprechen.«

Ryūji Miyamoto

* 1947 / **N:** Japan / **G:** Dokumentation, Kunst

Am 17. Januar 1995 um 5.46 Uhr wurde die japanische Stadt Kobe von einem verheerenden Erdbeben erschüttert. Es dauerte ganze 20 Sekunden, doch in dieser Zeit starben 6.434 Menschen und die Stadt war nur noch Feuer und Schutt. Ryūji Miyamotos Fotos von den Auswirkungen zeigen verzerrte Gebäude, die in sich selbst zusammenstürzen. Ohne Menschen wirken diese Strukturen wie Grabsteine zur Erinnerung an diesen katastrophalen Moment in der Geschichte.

In Miyamotos Fotos wird die Vergangenheit verdoppelt. Zum einen macht das Motiv auf ein Ereignis aufmerksam, das bereits stattgefunden hat; das Motiv ist die Vergangenheit. Dann ist da das Foto an sich. Alle Fotos sind Aufzeichnungen von Vergangenem. Sobald ein Foto aufgenommen wird, geht dieser Moment von der Gegenwart in die Vergangenheit über. In der Realität wäre das Gebäude weiter abgebröckelt, bis es schließlich abgerissen würde. Aber hier ist es, unverändert und außerhalb der Zeit existent. In dieser Hinsicht sind Fotos eine physische Manifestation des Vergangenen. Sie sind kleine Gegenstände (oder ein paar Daten), die Momente vor dem Verblassen unserer Erinnerungen schützen. Weil sie einen direkten Kanal in die Vergangenheit bieten, könnte man sagen, die Zeit wartet auf niemanden, es sei denn, sie wird fotografiert.

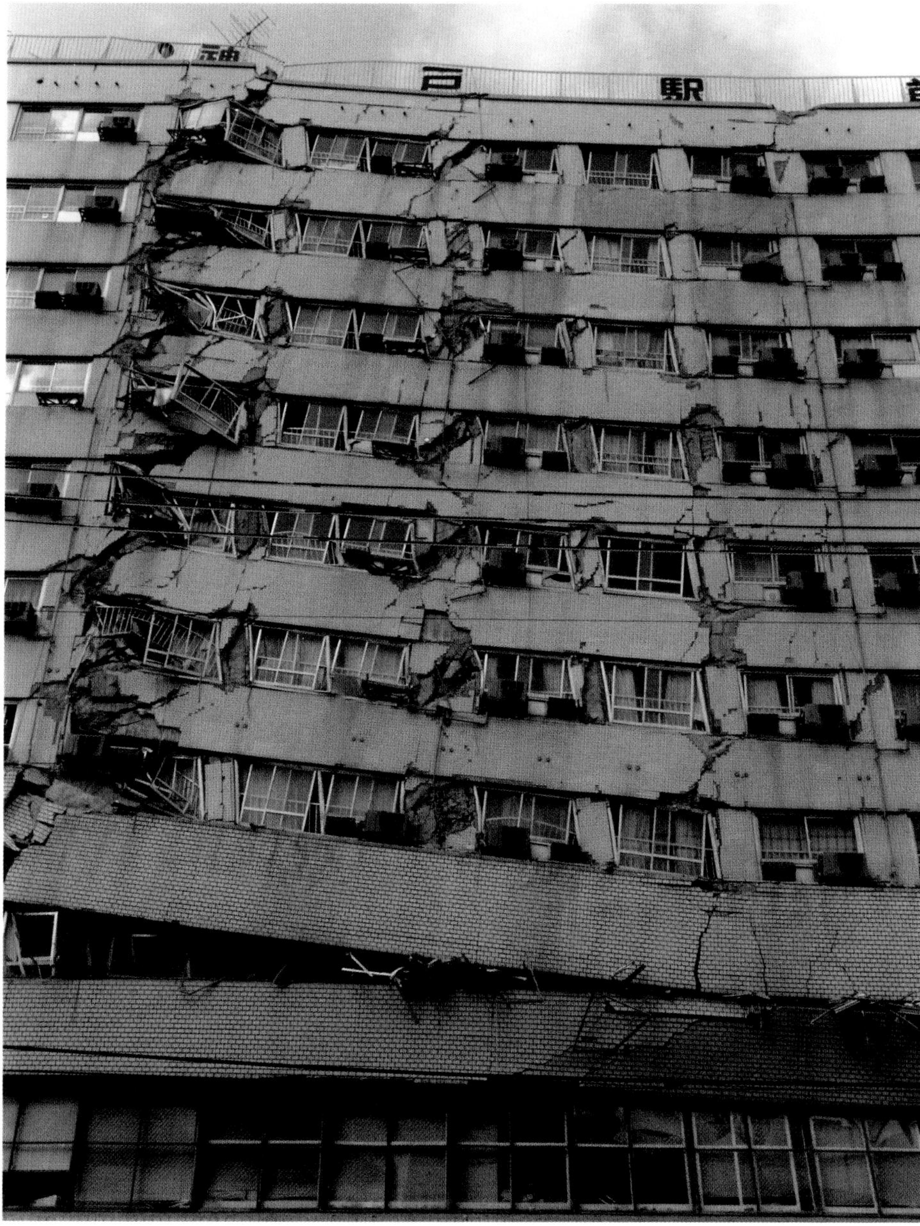

Kobe Ekimae Building, Chuo-Ku, aus der Serie »After the Earthquake«, 1995

»Ich habe immer gespürt, dass unser Verhältnis zur Fotografie durch ein zugrunde liegendes Gefühl von Verlust geprägt ist.«

Bill Henson

***** 1955 / **N:** Australien / **G:** Kunst, Porträts

Bill Hensons Verlustgefühl gilt der immateriellen, stillen Welt in einem Foto. Das Foto ist nicht nur eine Spur der Vergangeheit; es repräsentiert dazu auch eine andere Realität – die der Fotograf schafft, deren Teil er aber nicht sein kann, wie ein Fenster, durch das man schauen, das man aber nicht öffnen kann. Dieses Gefühl können wir beim Anblick von Hensons Foto von Teenagern über den Lichtern der Stadt im Dunkeln spüren. Die Personen scheinen in einem außerweltlichen fotografischen Raum zu schweben. Als Personen befinden sie sich gerade im Übergang zwischen Jugend und Erwachsensein. An einem Punkt, an dem Wissen und Selbstwahrnehmung unweigerlich zu einem Verlust führen, den wir alle einmal erlebt haben – dem Verlust der Unschuld.

Dieses Verlangen nach Realität, das so greifbar erscheint, jedoch unerreichbar bleibt, schafft eine emotionale Bindung wie keine andere visuelle Kunstform. Darum ist die Fotografie für Henson das Medium der Melancholie.

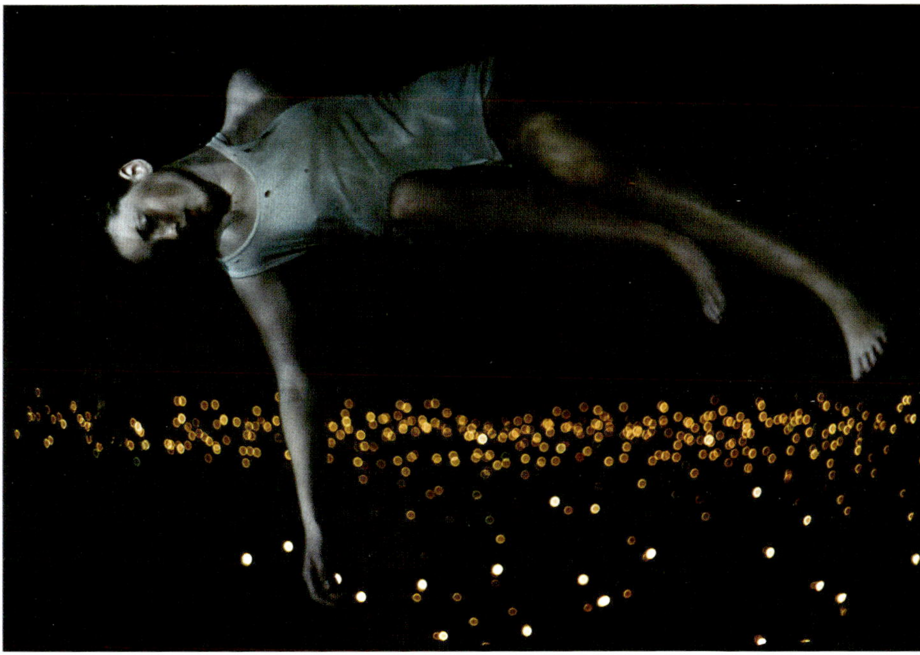

Ohne Titel *#20 (LMO SH177 N2A)*, 2000–2003

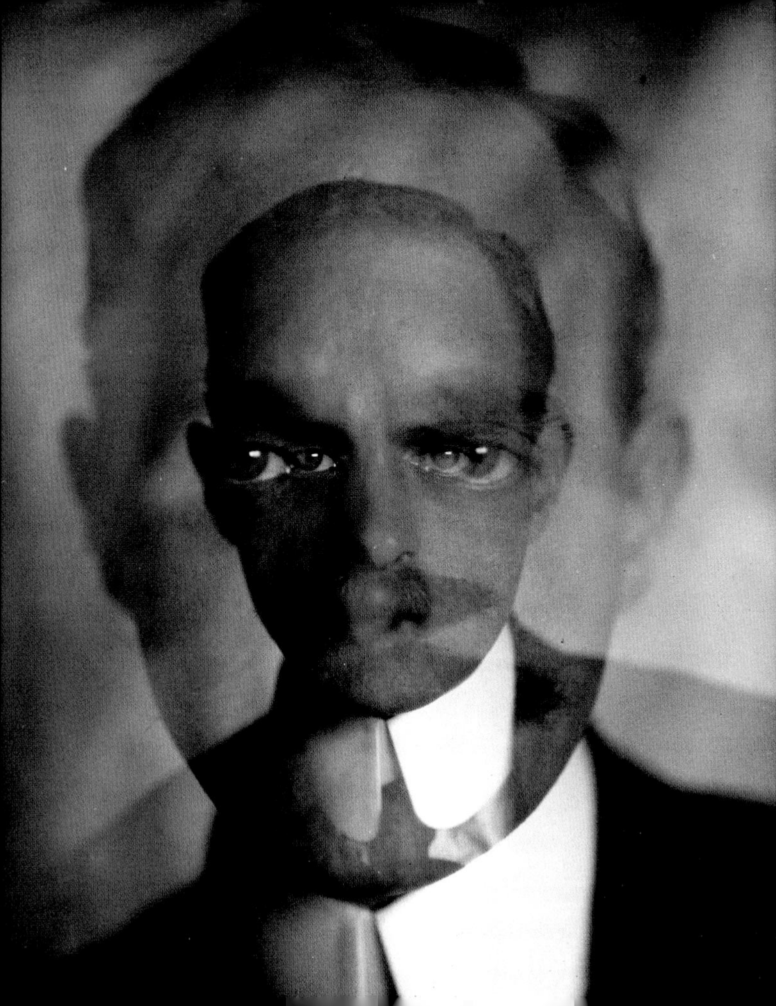

»Zu einer Zeit, als Menschen für 'schwarze Magie' auf dem Scheiterhaufen landeten, wäre der Fotograf zweifellos auch ein Opfer gewesen.«

Alvin Langdon Coburn

***** 1882 / **N:** USA / **G:** Porträts, Kunst

Unter dem Einfluss seiner wachsenden Faszination von Mystizismus und Okkultem schuf Alvin Langdon Coburn oft entwaffnende Fotos. Hier pulsiert das Model durch die Doppelbelichtung immer vor und zurück. Mit den starrenden Augen im Hintergrund schafft die Illusion der Bewegung ein geisterhaftes Bild, das gleichermaßen furchterregend wie aggressiv ist. Im Unterschied zu den harmlosen Schnappschüssen, wie wir sie heutzutage endlos schaffen und konsumieren, suggeriert dieses Werk das Mystische und vielleicht Bedrohliche am Medium Fotografie.

Coburns Aussage ist etwas über 100 Jahre alt, sie folgte auf die Einführung der kleinen und benutzerfreundlichen Kodak-Brownie-Kamera. Er erlebte, wie die Fotografie zum Massenmedium wurde und ihre erstaunliche Präsentation und das kreative Potential als gegeben angenommen wurden. Was einstmals als Kunst von hochqualifizierten Profis galt, wurde nun zum frivolen Zeitvertreib des Volkes. Wie die Stimme aus dem Jenseits erinnert uns Coburns Äußerung daran, dass die Fotografie mit ihrer Fähigkeit, »Licht einzufangen« und »Zeit einzufrieren« durchaus als Zauberei gelten kann. Und jedesmal, wenn wir den Auslöser drücken, werden wir alle zu Zauberern.

»Wenn ich dich nicht umbringe, komme ich nicht weiter.«

Ishiuchi Miyako

***** 1947 / **N:** Japan / **G:** Reportage, Stillleben

Nach dem II. Weltkrieg errichteten die USA einen Marinestützpunkt in der japanischen Stadt Yokosuka. Angesichts dieser starken ausländischen Militärpräsenz wurde die traditionelle Lebensweise schnell von den westlichen Idealen überlagert und Yokosuka rutschte in Ausschweifungen und sexuelle Gewalt ab. Ca. 10 Jahre nach ihrer Flucht kehrte Ishiuchi Miyako mit ihrer Kamera zurück und fotografierte die düsteren Gässchen und die verletzlichen Frauen, um ein Porträt dieses Ortes zu schaffen, der von dieser ominösen, oft unsichtbaren Präsenz überschattet wurde.

Die Fotografie war für Ishiuchi eine Möglichkeit, sich mit Yokosuka zu versöhnen, dem Ort, der in der Vergangenheit für sie so traumatisch gewesen war. Aber sie war auch eine Art Gegenschlag, denn der Akt der Fotografie schließt auch eine gewisse Gewalt mit ein.

»Ein Bild schießen«, »abfeuern«, »das Motiv einfangen«, »den Film laden«. Hinter der unschuldigen Maske der Fotografie findet sich eine Art tiefster Aggression. Diese Gewalt geht über die reine Terminologie hinaus. Dieser intensive Blick, der für die Fotografie so entscheidend ist, wirkt zugleich auch aggressiv. Wir alle wissen, wie es sich anfühlt, offen und lange angestarrt zu werden – wir werden zur Beute. Umgekehrt kennen wir das Gefühl, jemanden aus der Ferne zu beobachten – dann werden wir zum Jäger.

Oben:
#73, aus der Serie »Yokosuka Story«, 1976–77

Unten:
#98, aus der Serie »Yokosuka Story«, 1976–77

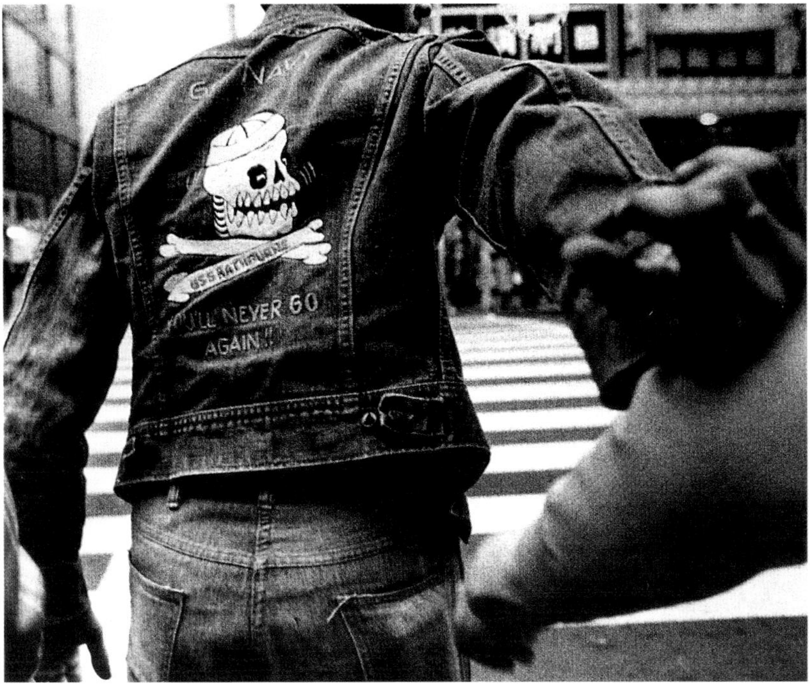
NEVER GO
AGAIN!!

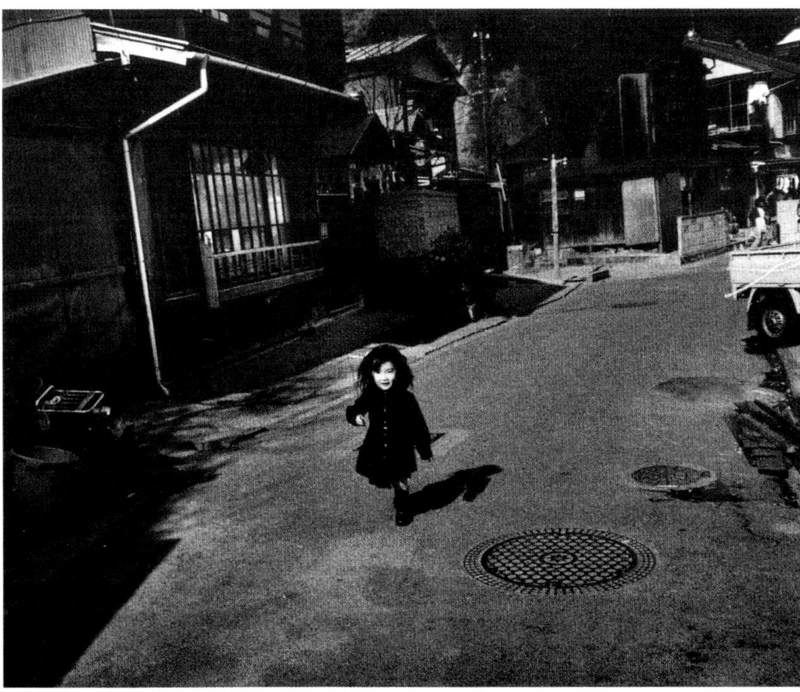

»Beim Fotografieren schieße ich nicht auf jemanden: Der Schuss geht auf mich. Ich bin das Ziel.«

Lieko Shiga

***** 1980 / **N:** Japan / **G:** Kunst

Hier deutet Lieko Shiga an, dass sich die der Fotografie innewohnende Gewalt irgendwie auch auf den Fotografen ausweitet. Shigas Fotos sind mysteriös; Orte sind unkenntlich, Menschen in Schwärze isoliert, und im Falle von diesem Bild legen surreale, unerwartete Details eine Doppelbelichtung nahe.

Metaphorisch gesprochen verwendet Shiga die Fotografie als Mittel zum Suizid und zur Wiederauferstehung. Ihre Gefühle kreisen um Mystizismus, Bewusstheit und Metaphysik, die auf den ersten Blick wie fremdartige Konzepte wirken können – wenn wir uns jedoch darauf einlassen, können wir nachvollziehen, wie es ist, »erschossen« zu werden.

Machen Sie jetzt ein Foto, von irgendetwas. In dem Moment, in dem Sie auf den Auslöser drücken, stellen Sie sich vor, Sie zerreißen die Zeit. Stellen Sie sich in diesem Moment vor, dass alles, was vorher war, nun in diesem Bild gefangen ist. Schauen Sie das Foto an, und nehmen Sie die ganze Historie darin wahr. Und stellen Sie sich nun vor, Sie würden wiedergeboren.

Wie fühlt es sich an?

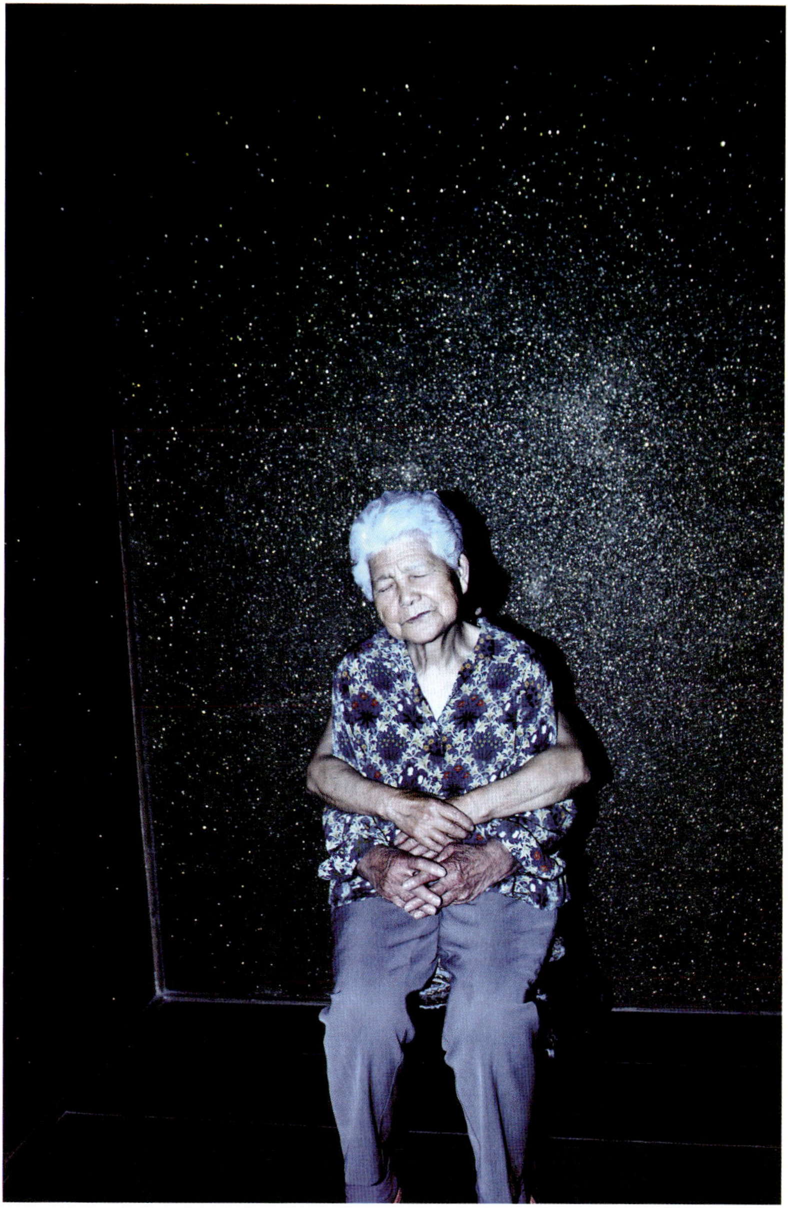

Mother's Gentle Hands,
aus der Serie »Rasen Kaigan
(Spiral Shore)«, 2009

»Der Akt des Fotografierens birgt ein verstecktes Versprechen.«

Broomberg & Chanarin

* 1970 und 1971 / **N:** Südafrika und Großbritannien / **G:** Kunst

Als Adam Broomberg und Oliver Chanarin Mr. Mkhize in Südafrika fotografierten, war er zuvor nur zweimal fotografiert worden – einmal für seinen Pass, so dass die Apartheit-Regierung ein Bewegungsprofil erstellen konnte, und einmal für seinen Personalausweis, um an der ersten demokratische Wahl des Landes teilnehmen zu können. Weil Mr. Mkhize so selten und nur aus offiziellen Gründen fotografiert worden war, ist dieses Porträt umso bedeutsamer. Mit seiner Zustimmung zu diesem Foto bietet er uns ein wertvolles Geschenk: sein Selbstbild. Und aus irgendwelchen Gründen hat er es zwei Fremden geschenkt, die es auch gegen ihn hätten einsetzen können, wenn sie wollten.

Vertrauen – das versteckte Versprechen, das Broomberg und Chanarin meinen; Vertrauen, dass der Fotograf die Bilder gut einsetzen würde. Als zwei Fotografen, die aus dem Ökosystem der üblichen Entwicklungsgeschichte von Fotografen hervorgehen, wissen sie jedoch, wie leicht dieses Versprechen gebrochen wird. Ungeachtet der eigentlichen Intentionen von Fotograf oder Model, lebt ein Foto lange, und die Gründe, die zur Aufnahme führten, sind vielleicht schnell vergessen. Ich frage mich, ob Mr. Mkhize Broomberg und Chanarin nach ihren Motiven gefragt hat. Ich frage mich, was sie antworteten. Denn indem er ihnen das Geschenk dieses Bildes anbot, hat er sich ihnen in gewisser Weise ausgeliefert.

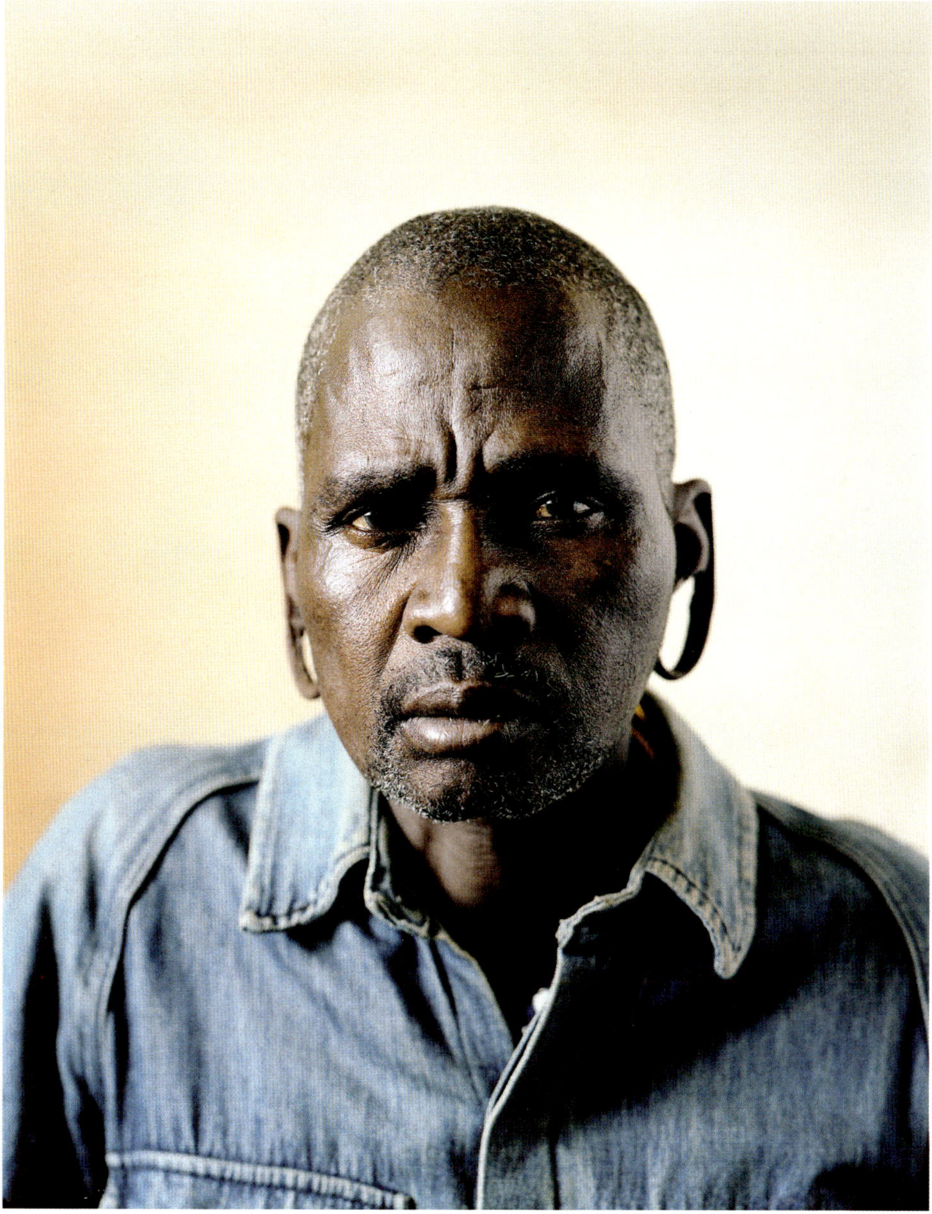

Mr. Mkhize, Alexandria, S Africa,
2004

EIN INTERVIEW MIT

BROOMBERG & CHANARIN

»Seit Jahrzehnten, wenn nicht Jahrhunderten, werden wir von Worten und Bildern überwältigt.«

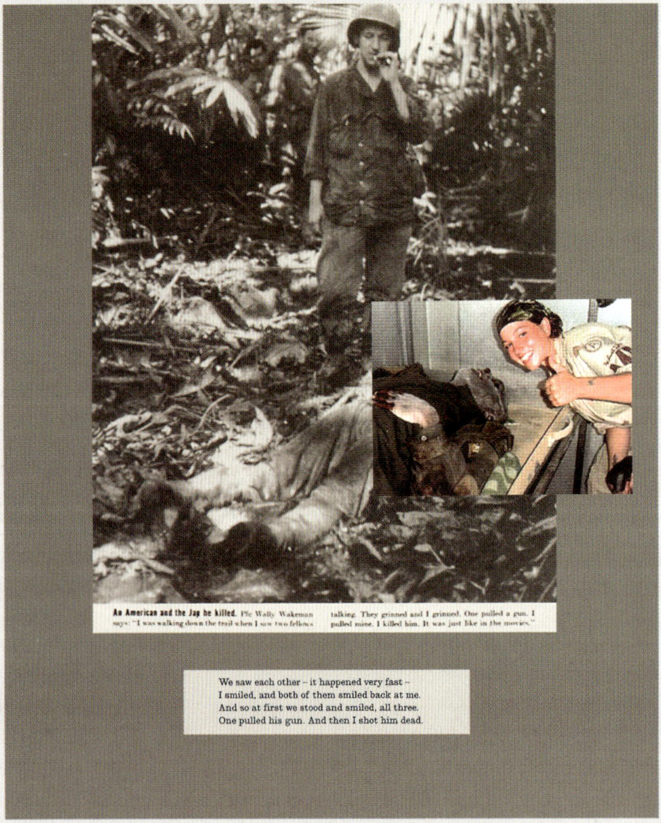

Als Sie Mr. Mkhize fotografiert haben, haben Sie ihn da ausgebeutet? Ich meine das nicht negativ oder gar als Anklage, ich frage mich nur, ob das ein unvermeidlicher Aspekt eines Fotoporträts ist und vielleicht ein Grund dafür, warum Sie beide nicht mehr hinter der Kamera stehen.

Sie haben Recht, wir haben ihn ausgebeutet. Wir wussten nicht, dass wir sein Bild in einer Dokumentation, in Ausstellungen, in Büchern und Zeitschriften verwenden und dass es eines Tages überall im Internet zu sehen sein würde. Der Moment, als wir sein Foto machten, war erst das dritte Mal, dass Mr. Mkhize fotografiert wurde. Das erste Mal für seinen Reisepass, den die Apartheitregierung nutzte, um die Bewegung aller »Nicht-Weißen« zu protokollieren. Das zweite Mal für einen Ausweis, mit dem er 1994 an den ersten demokratischen Wahlen in Südafrika teilnehmen konnte. Für Mr. Mkhize galt auch das dritte Bild, unsere Porträtaufnahme, als offizielles, bürokratisches Bild. Der Prozess der Fotografie an sich ist tendenziös, denn die Person hinter der Kamera hat durch die Art und Weise der Begegnung einen Vorteil gegenüber dem Model. Die Geschichte der Fotografie ist in ein System der Erfassung, der Überwachung eingebunden. Schon indem man sich also hinter die Kamera stellt und ein Porträt aufnimmt, nimmt man dieses System an und solidarisiert sich mit den Mächtigen.

Wenn wir durch die Fotomengen auf Instagram scrollen und die Massen von Selfies, Sonnenuntergängen und Salaten sehen, ist es einfach, alles als visuellen Müll abzutun. Wie stehen Sie zur »Zu viele Bilder«-Debatte und gibt es in Ihren Augen das völlig wertlose Foto?

Über die Mengen an Bildern zu sprechen, ist nicht besonders interessant. Seit Jahrzehnten, wenn nicht Jahrhunderten, werden wir von Worten und Bildern überwältigt. Interessanter ist zu betrachten,

Ohne Titel, aus der Serie »War Primer 2«, 2011

wie Bilder verbreitet werden. Als wir vor 13 Jahren das Porträt von Mr. Mkhize aufnahmen, glaubten wir die Kontrolle zu haben, wie es verwendet würde und wer das durfte. Heute wären wir nicht mehr so vermessen. Bilder sind schwerer zu bändigen als je zuvor. In dieser neuen Ära sind Fotos nur eine andere Art von Inhalt, Daten eben. Die Unternehmen, die heute die Verteilung und den Zugang zu Daten kontrollieren, haben die eigentliche Macht. Das Bild von Mr. Mkhize ist heute nur eine weitere Form von Daten, die gehandelt, verteilt werden. In diesem Sinn hat jedes Bild einen Wert – nicht nur für die Person, die im Bild zu sehen ist oder die es aufgenommen hat.

Das erste Interview in diesem Buch führte ich mit der 23jährigen Modefotografin Olivia Bee. Sie behauptet, wir wären aufgrund der überwältigenden Bilderflut »immun« gegen gute Fotos, und wenn uns dann eines wirklich berührt, ist es deutlich wertvoller und seine Wirkung umso intensiver. Lässt sich dieses Denken in Ihren Augen auch über die Modefotografie hinaus umsetzen, denn auch Nachrichtenbilder – vor allem aus Kampfgebieten – scheinen so stark kontrolliert und gesteuert zu sein, dass ein versehentlich durchgerutschtes Bild umso mächtiger wird ... nahezu »gefährlich« für das System, das es zu unterdrücken versucht?

Das klingt plausibel. Ein Freund von uns in Berlin, in erster Linie Künstler, aber auch syrischer Flüchtling, begleitete die ersten Jahre nach seiner Flucht Bootsflüchtlinge und berichtete über sie im Internet. Ihm wurden oft Bilder von »Kollateralschäden« zugeschickt, Bilder von Verwundeten und Ertrunkenen. Er war derjenige, der entschied, das Bilder von Alan Kurdi zu veröffentlichen, dem ertrunkenen Jungen aus Syrien, der auf dem Bauch am Strand lag. Vor allem dieses Bild veranlasste die Welt, endlich etwas gegen die »Flüchtlingskrise« zu unternehmen. Bilder haben also noch immer große Macht, wir sind nicht immun.

Sie sind Künstler, die in ihren Werken legendäre Bilder eingesetzt haben, wie »War Primer 2«. Mich interessiert Ihre Meinung, welche Faktoren einem Bild helfen, zu einer Ikone zu werden, und ob sich diese Faktoren in letzter Zeit geändert haben oder andere hinzugekommen sind?

Wir sagen ja schon lange, dass sich die Geschichte um einen bestimmten Moment oder ein bestimmtes Bild herum entwickelt. Wir begehren den Schnipsel, ob als Fakt oder als Bild, der als Kürzel dienen und eine komplexe Situation ersetzen kann. Das Problem mit diesen »legendären« Bildern oder Schnipseln ist, dass sie diese Komplexität ignorieren, ebenso die Nuancen und die Doppeldeutigkeit einer Situation. Mit dem Internet und den sozialen Medien haben sich die Produktionsbedingungen für diese Mini-Ikonen etwas geändert. Die Verteilung der Bilder wird nicht mehr nur durch eine Handvoll Agenturen kontrolliert, sondern durch eine Handvoll Unternehmen wie Google oder Facebook. Wir sind immer noch die passiven Konsumenten, obwohl uns glauben gemacht werden soll, wir hätten selbst eine Agentur, nur weil wir einen Knopf drücken und jemandem auf Twitter oder Instagram entfolgen können. Für diese Unternehmen gelten nur sehr wenige Verhaltensregeln; sie funktionieren entsprechend der breit gefassten Prinzipien des Libertarismus und neoliberalen Kapitalismus. Wir scheinen weiter zuzuschauen, wie Bilder verteilt werden.

Sie haben sehr persönlich über die Vergabe des World Press Photo Award berichtet und ich war von Ihrer Aussage beeindruckt: »Wir wurden gebeten zu bewerten, ob das Foto eines unter einer Schlammlawine erstickten

Kindes schön genug ist, um einen Preis zu gewinnen.« Braucht der professionelle Fotojournalismus »Schönheit«, um erfolgreich zu sein, und unterscheidet sich die Situation vom Bürgerjournalismus?

Es gibt viele Arten von Fotojournalisten und Bürgerjournalisten. Es wäre unfair, alle über einen Kamm zu scheren, aber wir nehmen an, wenn Sie versuchen, mit einem Bild Geld zu verdienen, muss es jemand konsumieren, und die Menschen wollen gern angenehme Dinge konsumieren. Nicht unbedingt schön, aber auf einer bestimmten Ebene zufriedenstellend oder angenehm.

Angesichts des Begriffs »konsumieren«, generell entsprechen veröffentlichte Nachrichtenbilder weniger den traditionellen Normen dessen, was in punkto Komposition, Bildqualität, Licht etc. als visuell angenehm gilt. Dennoch konsumieren wir diese Bilder ohne Weiteres. Vielleicht empfinden wir sie als noch »schmackhafter«. Welche geheimen Zutaten enthalten diese Bilder in Ihren Augen, um die fehlende Ästhetik auszugleichen?

Wir glauben nicht, dass ihnen »ästhetisch etwas fehlt«. Im Gegenteil, ihre Ästhetik unterstreicht deren Dringlichkeit und Glaubwürdigkeit. Bilder, die von der Öffentlichkeit gemacht werden, haben meist eine geringe Auflösung, sind zuweilen unscharf, manchmal aus zu großer Entfernung aufgenommen, oder ein andermal aus zu geringer. Das sind nur einige Besonderheiten, die nahelegen, dass diese Bilder »wahrer« sind als die mancher Profis.

Diese Frage könnte man vermutlich jedem Künstler stellen, aber bei Ihnen scheint sie relevanter zu sein, aufgrund Ihrer Arbeit und der Art und Weise, wie Sie das Ökosystem Bild offenlegen und herausfordern. Ist die Kunstwelt der wirkungsvollste Kontext für Ihre Arbeit und wollen Sie nicht völlig ausbrechen, damit ihre Arbeit mehr bewirkt?

Wir arbeiten in vielen Welten. Dieses Interview gehört dazu – wir unterrichten, schreiben Bücher, stellen ebenso in öffentlichen Einrichtungen wie in privaten Galerien aus, wir sind also nicht nur an die Kunstwelt gebunden. Selbst wenn wir es wären, könnten wir in vielen, vielen verschiedenen Kunstwelten funktionieren. Manche sind sehr kritisch, politisch engagiert, andere orientieren eher auf dekorative Kunst, man kann da nicht generalisieren. Wir bewegen uns gern zwischen den Räumen und Medien, darum lässt sich unser Tun auch schwer in Geld umsetzen. Dafür behalten wir die Freiheit zu sagen, was wir wollen, und müssen uns nicht nach dem Geschmack oder der politischen Ausrichtung anderer richten.

Welches ist Ihr Lieblingszitat über die Fotografie und warum?

»Alles war schön und nichts tut weh.«
(Kurt Vonnegut)

ADAM BROOMBERG & OLIVER CHANARIN
Adam Broomberg wurde in Johannesburg geboren und Oliver Chanarin in London. Beide hatten zahlreiche Solo-Ausstellungen auf der ganzen Welt und ihre Arbeiten sind Bestandteil vieler großer öffentlicher und privater Sammlungen, darunter Tate, MoMA, Stedelijk und V&A. 2014 gewannen sie den ICP Infinity Award für »Holy Bible« und 2013 den Deutsche Börse Photography Foundation Prize für »War Primer 2«. Beide unterrichten an der Hochschule für bildende Künste (HFBK) in Hamburg.

»Standfotos sind die mächtigsten Waffen der Welt.«

Eddie Adams

***** 1933 / **N:** USA / **G:** Fotojournalismus

Aufgenommen an einem feuchten Tag in Saigon, zeigt dieses legendäre Foto General Nguyễn Ngọc Loan bei der Erschießung von Nguyễn Văn Lém, dem Führer einer Terroristenzelle des Vietcong. In Unkenntnis dessen, was sich vor seiner Kamera abspielen würde, drückte Adams an der Kamera ab, als der General an seiner Pistole abdrückte. Lém war sofort tot, doch das Bild von seiner Hinrichtung ging um die Welt und konfrontierte die Menschen zu Hause am Frühstückstisch mit der Brutalität des Krieges. Dieses Foto konnte man nicht ignorieren, und es bewegte die Öffentlichkeit und half, dem Vietnamkrieg ein Ende zu setzen.

Doch was macht dieses Bild so mächtig? Warum berührte es so viele Menschen? Adams' Worte geben uns bereits einen Hinweis. Er sagt »Standfotos«, nicht einfach nur »Fotos«. Wir kommen nicht umhin anzuerkennen, dass dieser aufgenommene Moment schockiert. Und doch zündet das Ganze durch den Stillstand der Handlung. Das Foto lässt uns in einem einzigen, brutalen Moment verweilen. Ohne Ton, ohne Bewegung reduziert es den Krieg auf etwas, das leicht in unser Bewusstsein dringt wie eine fertige Erinnerung. Und wenn es einmal ankommt, bleibt es dort, für immer unveränderlich.

Saigon Execution, 1968

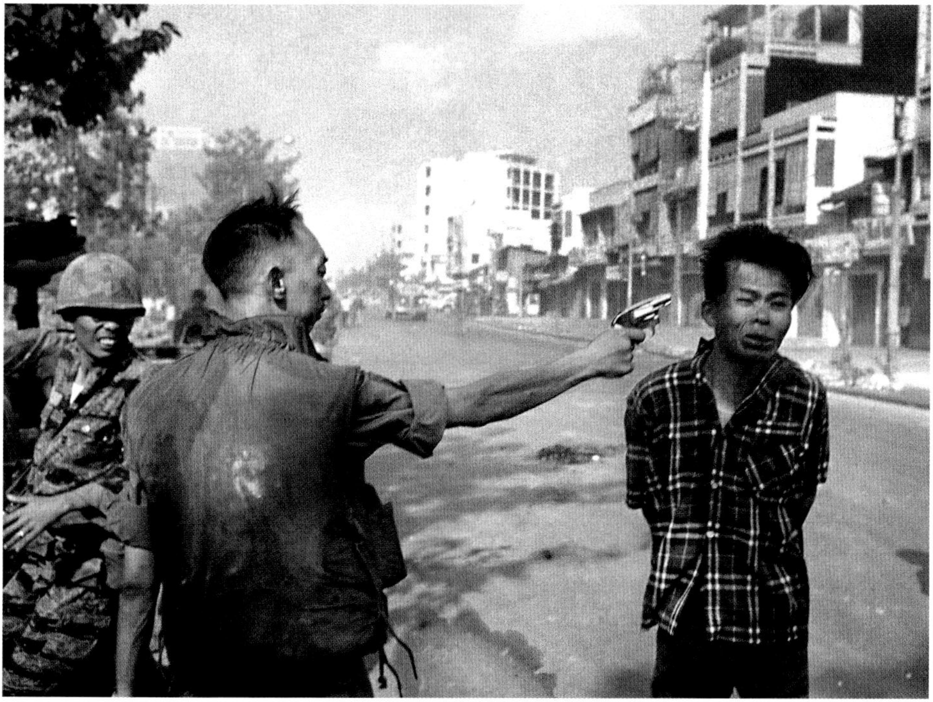

»Fotografie agiert wie der Judaskuss: falsche Liebe für 30 Münzen verkauft.«

Joan Fontcuberta

* 1955 / **N**: Spanien / **G**: Kunst

Wie der Jünger Judas Iscariot, der schließlich Jesus verriet, kann Ihnen die Fotografie als Freund dienen, dennoch sollte man ihren Wahrheitsgehalt immer hinterfragen. Joan Fontcuberta mahnte während seiner gesamten Karriere, Fotos nicht zu viel Vertrauen zu schenken. Sein Bild MN 27: VULPECULA (NGC 6853) aus der Serie »Constellations« zeigt scheinbar den Nachthimmel voller Sterne. Tatsächlich handelt es sich bei den einzigen Lebenszeichen im Bild um zerschmetterte Fliegen auf der Frontscheibe seines Autos. Verspielt, ja, aber das macht Fontcubertas Arbeit nicht weniger hintergründig.

Digitale Bildbearbeitung und das Teilen von Bildern bedeuten, uns allen ist mehr oder weniger klar, dass Fotos die Wahrheit verbiegen. Dennoch spielen wir weiter ihr Spiel mit. Von der einfachen Art und Weise, wie wir unsere Online-Identität »bauen«, bis hin zu dem Umstand, dass wir den Bildern aus verschiedenen Nachrichtenquellen glauben, wir nutzen die Halbwahrheiten der Fotos und machen uns zu ihrem Opfer. Für Fontcuberta sind wir vom Kommunikationswerkzeug unserer Zeit gefangen, was die Frage aufwirft: Wenn wir den Wahrheitsbezug des Fotos gänzlich in Frage stellen, was wird es dann und welche Rolle wird es in unserem Leben spielen, wenn überhaupt?

MN 27: VULPECULA (NGC 6853) AR 19H 56,6′/ D +22° 43′, aus der Serie »Constellations«, 1993

»Ist es nicht erstaunlich, wie die Fotografie vorangekommen ist, ohne besser zu werden?«

Charles Sheeler

***** 1883 / **N:** USA / **G:** Kunst

Charles Sheeler machte diese Bemerkung beim Verlassen einer Ausstellung gegenüber Ansel Adams in New York. Wessen Ausstellung es war, ist nicht überliefert, aber offensichtlich hatte sie nicht den Geschmack der beiden Foto-Veteranen getroffen. Vielleicht war die Ausstellung für Sheeler, einen Fotografen mit deutlichem Streben nach Klarheit und Präzision, etwas zu trickreich mit ihrem Einsatz moderner Techniken.

Was das »Vorankommen« angeht, muss es Sheeler um die Technologie gegangen sein und darum, wie sie ständig zu besseren Kameras und Prozessen führt und die Fotografie immer mehr Menschen zugänglich macht. Paradoxerweise schien jedoch kein technischer Fortschritt zu vorangekommenen (oder besseren) Fotos oder Fotografen geführt zu haben. Sheelers Bild von 1927 ist ein typisches Beispiel. Es stellt den Raum ganz exquisit dar. Nehmen Sie nur den präzisen Bildausschnitt, die Destillation eines komplexen Motivs, die weichen Rauchfahnen im Kontrast zum harten Stahl und das spannende perspektivische Spiel der einander überlagernden Laufstege. Fotos – selbst Aufnahmen mit den hochentwickelten Kameras von heute – können nicht viel besser werden.

Natürlich ist die Wahrnehmung, was als »gut« oder »schlecht« gilt, äußerst subjektiv, sowohl in Bezug auf die Kameras als auch auf die Fotos. Darum ergänzt man Sheelers provokante Aussage wohl am besten durch: Diskutieren Sie …

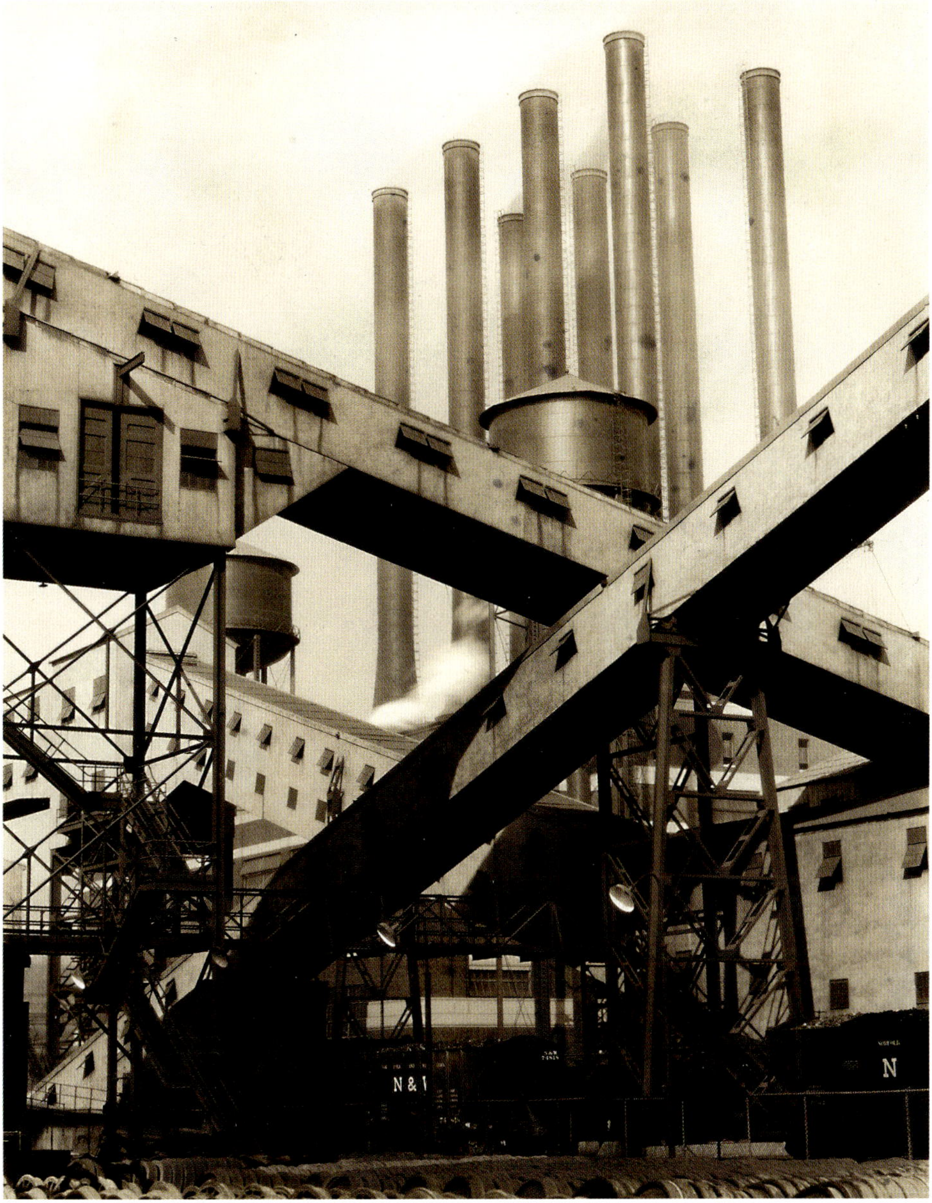

Criss-Crossed Conveyors,
River Rouge Plant, Ford
Motor Company, 1927

»Zu lange hat sich die Fotografie auf die gescheiterte Nachahmung des menschlichen Sehens verlassen.«

Brandon Lattu

***** 1970 / **N:** USA / **G:** Kunst

Während viele Fotografen Werke *mithilfe* der Fotografie schaffen, gibt es andere wie Brandon Lattu, die *über* die Fotografie arbeiten. Fotograf, Maler, Bildhauer – nennen Sie Lattu, wie Sie wollen, denn genau das ist er. Für ihn sind die kreativen Möglichkeiten der »traditionellen« Fotografie ausgeschöpft und altmodische Klassifikationen wie »Fotografie«, »Malerei« und »Skulptur« nicht mehr relevant. Um voranzukommen, muss die Fotografie mit anderen Disziplinen zusammenfließen und ihre etablierten Konventionen der Darstellung aufbrechen. Wer behauptet denn, dass ein Foto flach, von vier Kanten begrenzt und das Ergebnis eines einziges Objektivs sein muss? Diese Grenzen testet Lattu in seiner Serie »Selected Compositions«.

Als Kombination aus Fotografie, Digitaldruck, Papier, Polystyrol und Holz treten Lattus dreidimensionale Werke aus der Galeriewand hervor. Je nachdem, wie man an sie herantritt, sieht man zuerst einen verlockenden einfarbigen Block, während man sich bewegt, geht die Farbe jedoch in verschiedene Bilder auf jeder Fläche über. Im Unterschied zu einem Foto, das passiv als Gesamteindruck wahrgenommen wird, müssen Sie Lattus Werke untersuchen und entdecken – so wird die Beziehung zwischen Vision und Darstellung neu definiert.

Selected Composition 5 [von links], aus der Serie »Selected Compositions«, 2012

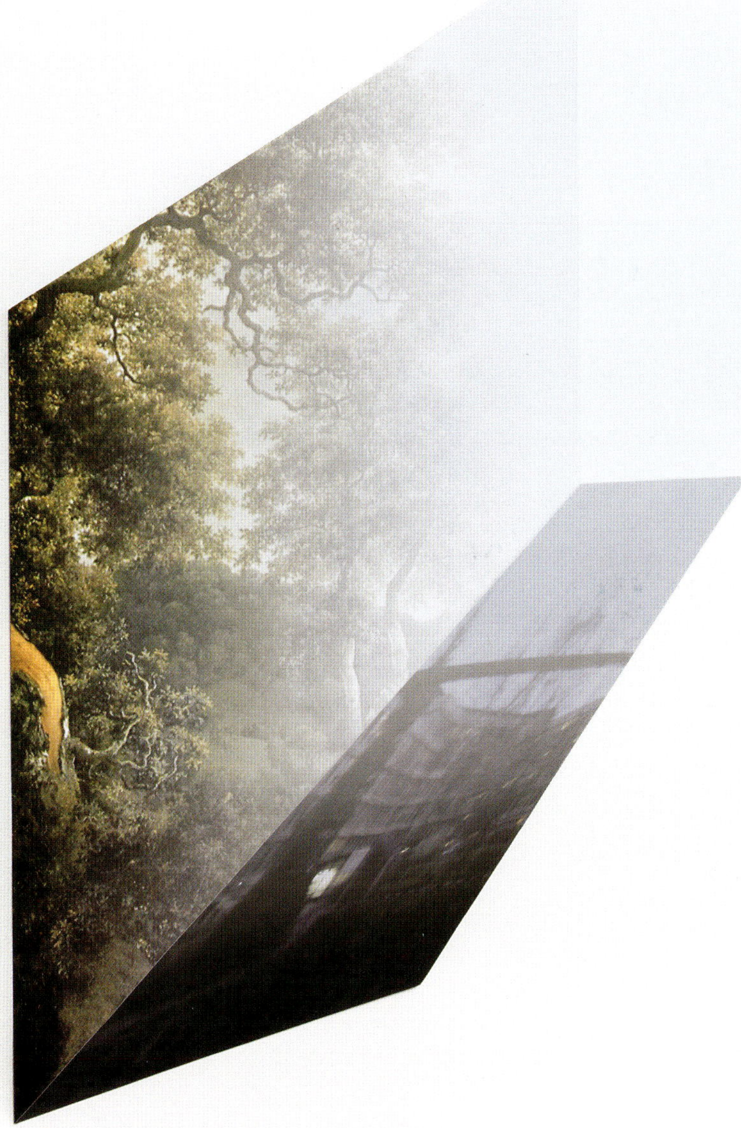

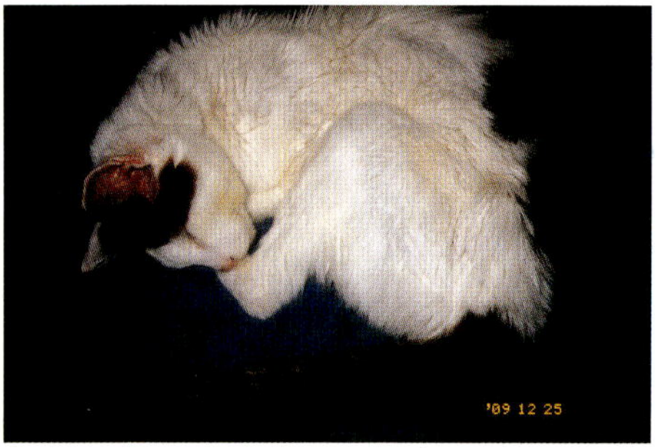

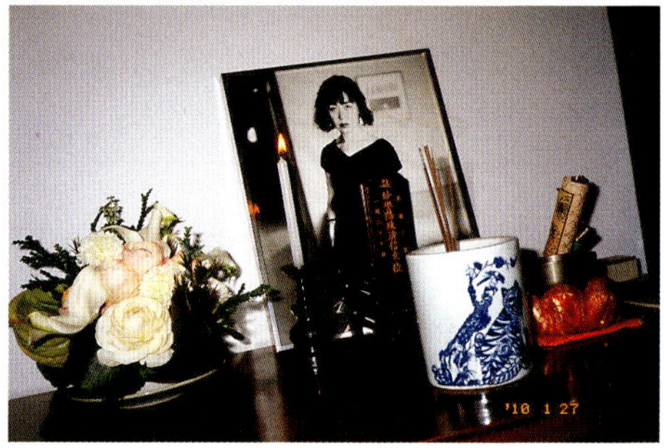

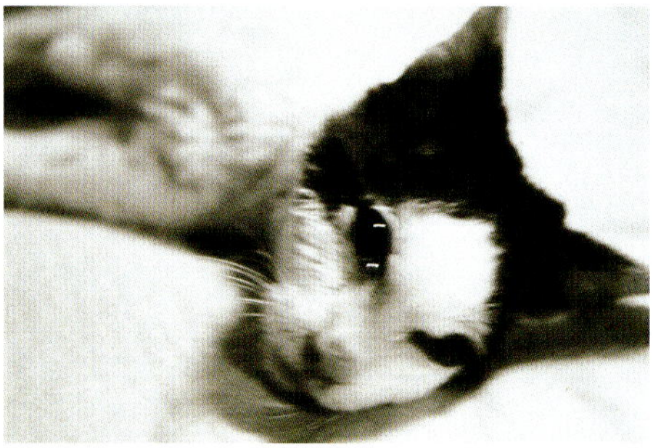

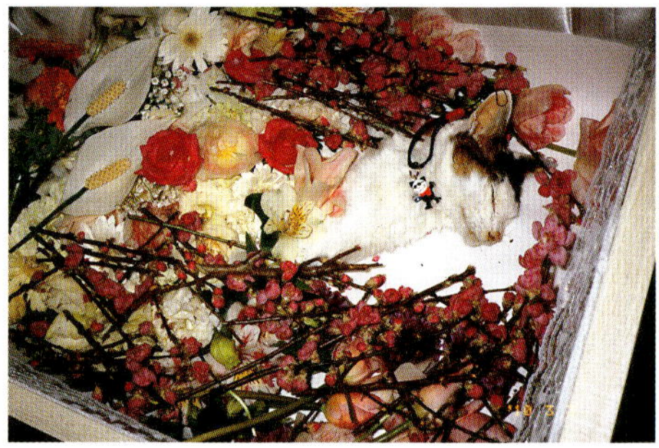

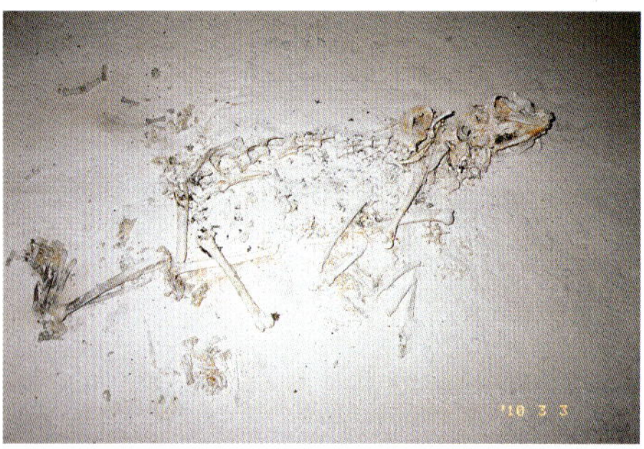

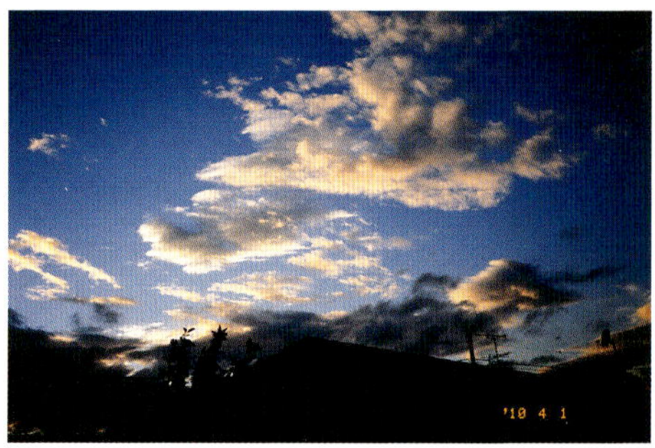

Ohne Titel aus der Serie
»Chiro Love Death«, 2010

»Die Fotografie war dazu auserwählt, sich mit dem Tod zu befassen.«

Nobuyoshi Araki

* 1940 / **N:** Japan / **G:** Mode, Porträts, Reportage

In den Jahren nach dem Tod seiner Frau fotografierte Nobuyoshi Araki das Altern und schließlich den Tod seiner geliebten Katze Chiro. Angesichts dieser traurigen Serie, in der Chiro immer schwächer wird, spüren wir den Tod sehr gegenwärtig. Das Gefühl entstammt nicht dem Motiv; es kommt anderswo her, irgendwie aus der Fotografie selbst.

Wenn wir zum Beispiel eine Leiche beschreiben müssten, würden wir sie als absolut ruhig und still bezeichnen. Vielleicht würden wir auch eine Ähnlichkeit zu einer lebenden Person beobachten – sie ist diese Person, gleichzeitig jedoch auch nicht. Dieselben Beobachtungen könnten wir an einer Person auf einem Foto beobachten. In anderen Worten, die Fotografie entzieht lebenden Motiven das Leben und stellte sie als »Leichen« dar.

Ruhe, Stille und eine Spur des Gewesenen – dies sind die Charakterzüge der Fotografie, die für Araki immer eine Unterströmung des Todes mit sich bringen. In dieser Hinsicht brauchte der arme alte Chiro seine sieben Leben auf und noch einige dazu, denn er starb jedesmal, als Araki auf den Auslöser drückte.

»Ich behaupte nicht, eine Kunst perfektioniert zu haben, ich habe eine begonnen, deren Grenzen sich derzeit noch nicht genau ausmachen lassen.«

William Henry Fox Talbot

* 1800 / **N:** Großbritannien / **G:** Frühe Fotografie

Dies ist das älteste erhaltene Negativ der Welt. Angefertigt 1835 von William Henry Fox Talbot, zeigt es die feinen Details eines vergitterten Fensters. Aufgrund seines fragilen Zustandes ist das Negativ heute in einer Kiste verstaut, denn würde es Licht ausgesetzt, wäre es innerhalb von Minuten verblasst. Wer hätte gedacht, dass Licht, dieses Rohmaterial, das für seine Entstehung gesorgt hatte, einmal für seinen Tod verantwortlich sein könnte? Aber einmal mehr lässt sich die Geschichte der Fotografie nur schwer vorhersagen ... wie es immer war.

Wie passend, dass selbst Fox Talbot, einer der wichtigsten Erfinder der Fotografie, nicht sicher war, was er da geschaffen hatte, denn auch 200 Jahre später sind wir immer noch dabei, ihre Grenzen zu erforschen. Als Medium, das von Technologie und Kreativität getrieben ist, ist die Fotografie ständig in Bewegung, und ihre sozialen Funktionen sind im Fluss. Immer wenn wir sie zu kennen glauben, verändert sie ihre Position und wandelt sich in etwas Neues.

Doch wenn wir es genau betrachten, hat sich die Fotografie gar nicht so stark verändert, denn ihre magische Eigenschaft, die sie von anderen Kunstformen abhebt, bleibt dieselbe: Ob auf Film oder mit einem Handy aufgenommen, ob in einer Galerie hängend oder auf dem Computer gespeichert, ein Foto ist eingefangenes Licht. Darum wird der Geist der rätselhaften Ursprünge der Fotografie weiterhin jedes Filmkorn verfolgen, jedes Pixel und jede Zeile Code – und das für lange, lange Zeit.

Latticed Window at Lacock Abbey, 1835